<그리스도인이면 꼭 알아야 할 성경 지식>

# 요한일서

## 하나님의 사랑과 형제사랑

서울솔로몬학교 성경연수원

# 차 례

이 책에 인용된 성경 구절은 〈한글킹제임스성경〉 입니다.

## 제1과

# 하나님과 함께하는 성도의 교제(1장)

『우리가 보고 들은 것을 너희에게 전함은 너희도 우리와 교제를 갖게 하려는 것이니, 참으로 우리의 교제는 아버지와 그의 아들 예수 그리스도와 함께하는 것이라』(요일 1:3).

## 요한일서는 어떤 책인가?

요한일서는 일반서신에 속하는 책이다. 히브리서와 야고보서를 시작으로 펼쳐지는 일반서신들에서는 바울 서신과 다른 교리적 분위기가 느껴지는데, 바로 "행위"가 강조되고 "적그리스도"가 직접 언급되기 때문이다. 이 점은 대환란 기간과 관련된 행위 구원의 요소와 그때 출현할 적그리스도와 깊은 관련이 있다. 성경에서 "적그리스도"라는 이름이 언급되는 책은 요한일서(2:18,22; 4:3)와 요한이서(1:7) 이 두 권뿐이다.

그러나 일반서신은 대환란에 관한 내용으로만 일관되지 않는다. 예수 그리스도께서 피 흘리신 십자가 이후에 펼쳐진 신약과 관련된 책들이기에, 특히 요한서신에는 사도 요한이 그의 복음서에서 보여 주었던 신약적 진리가 언급된다. 왜냐하면 사도 요한은 자신의 책들을 기록하기 전에 나머지 모든 신약 성경을 접할 수 있었던 유일한 신약 기록자로서, 사도 바울에게 주어진 교회에 관한 계시들을 알고 있었기 때문이다.

그럼에도 요한일서는 교회 시대에 관한 진리만을 담고 있지 않고, 각 시대별 경륜을 담고자 하신 성령님의 계획에 따라 대환란 때의 행위 구원의 요소가 들어 있다. 바로 이 점이 요한일서를 읽는 신약 그리스도인들을 온전한 행실로 이끈다. 특히 "사랑"에 있어서 그러한데, 사도 요한은 하나님과 성도들을 향한 사랑을 이야기하기 전에 하나님과의 "교제"를 먼저 강조한다.

## 손으로 직접 만졌던 생명의 말씀

『태초부터 계셨고, 우리가 들었으며, 우리 눈으로 보았고, 주목하여 살폈으며, 우리 손으로 직접 만졌던 생명의 말씀에 관해서라. (그 생명이 나타나시매 우리가 보았고 증거하였으며 너희에게 그 영원한 생명을 보여 주었으니, 그 생명은 아버지와 함께 계셨으며 우리에게 나타나셨느니라.)』(1,2절).

사도 요한이 보고 만진 인격체는 『**생명의 말씀**』이셨다. 그 생명이 한 인격체로 나타난 것이다(『**그 생명이 나타나시매**』). 아버지와 함께 계셨던 그 『**생명의 말씀**』은 하나님이시라고 요한복음 1장에서 말씀하고 있다. 『**태초에 말씀이 계셨고, 그 말씀이 하나님과 함께 계셨으니, 그 말씀은 하나님이셨느니라. 그 말씀이 태초에 하나님과 함께 계셨느니라. 만물은 그에 의하여 지은 바 되었으며, 이미 지음받은 것 가운데 그가 없이 지어진 것은 아무것도 없더라. 그분 안에 생명이 있었으니 그 생명은 사람들의 빛이라**』(요 1:1-4). 『**말씀**』께서 우리에게 나타나기 전에 그 『**말씀**』은 아버지와 함께 계셨다.

『**말씀**』께서 나타나신 일은 "디모데전서 3:16"에 묘사되어 있다. 『**경건의 신비는 논쟁의 여지없이 위대하도다. 하나님께서는 육신으로 나타나셨고 성령으로 의롭게 되셨으며, 천사들에게 보이셨고 이방인들에게 전파되셨으며, 세상에서 믿은 바 되셨고 영광 가운데로 들려 올라가셨음이라.**』 디모데전서 3:16에 따르면 여호와 하나님께서 직접 육신으로 나타나셨으며, 도마는 그 점을 고백했고(요 20:28), 주 예수 그리스도께서도 친히 그렇게 말씀하셨다. 『**예수께서 그에게 말씀하시기를 "빌립아, 내가 너희와 그처럼 오랜 시간을 있었는데 네가 나를 모르겠느냐? 나를 본 자는 아버지를 보았느니라. 그런데 어찌하여 '아버**

**지를 보여 주소서.'라고 말하느냐?』**(요 14:9). **『예수께서 그들에게 말씀하시기를 "진실로 진실로 내가 너희에게 말하노니, 아브라함이 나기 전부터 나는 있느니라."고 하시니라』**(요 8:58).

사도 바울은 바로 이 **『말씀』**께서 우주를 창조하셨다고 말한다. **『그는 보이지 않는 하나님의 형상이시며 모든 피조물의 첫태생이시니 이는 만물이 그에 의하여 창조되되 하늘에 있는 것들과 땅에 있는 것들과 보이는 것들과 보이지 않는 것들과 보좌들이나 주권들이나 정사들이나 권세들이나 만물이 그에 의하여 또 그를 위하여 창조되었기 때문이라. 그는 만물 이전에 계시고 또 만물은 그로 말미암아 존속하느니라』**(골 1:15-17). 골로새서 1:15-17의 창조주는 바로 "예수 그리스도"이시다. **『나는 살아 있는 자며, 죽은 자였으나, 보라, 영원무궁토록 살아 있노라. 아멘. 또한 내가 지옥과 사망의 열쇠들을 가졌노라』**(계 1:18). **『만물은 그에 의하여 지은 바 되었으며, 이미 지음받은 것 가운데 그가 없이 지어진 것은 아무것도 없더라』**(요 1:3). **『그가 세상에 계셨고 세상이 그에 의하여 지은 바 되었으나 세상은 그를 알지 못하더라』**(요 1:10). **『라오디케아인들의 교회의 천사에게 편지하라. 아멘이시요 신실하고 진실한 증인이시며, 하나님의 창조를 시작하신 분이 이 일들을 말씀하시느니라』**(계 3:14). 요한은 하나님을 만졌고(요 13:23), 도마도 만졌다(요 20:27,28). 이처럼 예수 그리스도를 손으로 직접 만질 수 있는 육신으로 나타나신 창조주 하나님으로서 계시하는 "성경" 외에는 모든 종교 경전들을 쓰레기통에 던져 넣어야 한다.

<u>예수 그리스도 안에 영원한 생명이 있었고(요일 5:20), 그 영원한 생명을 가진 피(레 17:11,14)가 주님의 심장에서 뿜어져 나왔다</u>. 사도 요한은 그 심장의 박동 소리를 듣고 있었고(요 13:23), "의사"인 누가는 그 피가 "하나님의 피"라고 기록했다. **『그러므로 너희 자신을 조심하고 모든 양떼에게도 그리하라. 이들을 위하여 성령께서는 너희를 감독자들로 세우셨으며 하나님께서 자신의 피로 사신 하나님의 교회를 돌보게 하셨느니라』**(행 20:28).

우주 만물을 창조하신 창조주께서 육신으로 나타나셔서 그분의 생명을 우리에게 주신 것인데, 그 생명은 창세기 1:1 이전부터 존재했고 요한계시록 22장 이후에도 있을 영원한 생명이다. 하나님께서는 이 영원한 생명을 어떤 교회나, 종교 의식, 십계명 등에 두지 않으시고 하나님의 아들 안에 두셨다. 『**또 증거는 이것이니, 하나님께서 우리에게 영생을 주신 것과, 이 생명이 그의 아들 안에 있다는 것이라**』(요일 5:11).

예수 그리스도는 『**우리 손으로 직접 만졌던 생명의 말씀**』(요일 1:1)이시다. **지금 우리는 "기록된 말씀"은 손으로 만질 수 있어도, 요한복음 1:1,2의 "성육신한 말씀"은 만져 볼 수 없다**. "기록된 말씀"은 확실히 만져 볼 수 있어도, 셋째 하늘로 복귀하신 『**생명의 말씀**』은 만져 볼 수가 없다. "기록된 말씀"인 성경책은 잃어버릴 수 있어도, 『**생명의 말씀**』은 잃어버릴 수 없는 것이다. 왜냐하면 그분은 어느 곳에나 계시기 때문이다. 『**내가 주의 영으로부터 벗어나 어디로 가며 주의 면전에서 벗어나 어디로 피하리이까? 내가 하늘로 올라갈지라도 주께서는 거기 계시며 내가 지옥에 잠자리를 마련한다 하여도, 보소서, 주께서는 거기 계시나이다**』(시 139:7,8). 그러나 성경의 말씀들은 하늘에 영원히 정착되어 있으며(시 119:89), 하늘들이 사라져 버린 후에도 여전히 거기에 있을 것이다(마 24:35). 이 성경은 우리가 지상에서 하나님께 가장 가까이 다가갈 수 있는 매개체이다.

## 하나님과의 "교제의 기쁨"을 방해하는 죄

『우리가 보고 들은 것을 너희에게 전함은 너희도 우리와 교제를 갖게 하려는 것이니, 참으로 우리의 교제는 아버지

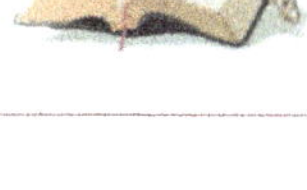

와 그의 아들 예수 그리스도와 함께하는 것이라. 우리가 너희에게 이런 것들을 씀은 너희의 기쁨이 충만하게 하려는 것이라』(3,4절).

이 구절의 "너희"는 잃어버린 죄인들이 아니라 구원받은 그리스도인들을 가리킨다. 이 그리스도인들에게 사도들이 보고 들은 것을 전하는 목적은 『**너희도 우리와 교제를 갖게 하려는 것이니, 참으로 우리의 교제는 아버지와 그의 아들 예수 그리스도와 함께하는 것이라.**』(3절)는 말씀에 계시되어 있다. 즉 "교제"를 위해서 전한다는 것이다. 예수 그리스도가 누구신가를 알도록 전하는 것인데, 주님이 누구신가를 알아야 교제가 가능하다는 이야기이다. 단순히 교회에 다닌다는 사실만으로 교제권이 형성되는 것이 아니다. 예수 그리스도에 관한 성경적인 진리를 공유할 때 교제권이 형성될 수가 있다. 예수 그리스도의 신성을 부인하는 자유주의 기독교인들과 교제하기 위해서는 다음의 말씀들을 부인해야만 한다. 『**우리와 함께하시는 하나님.**』(마 1:23), 『**그녀에게 잉태된 아기는 성령으로 된 것이라**』(마 1:20). 『**참으로 이 사람은 하나님의 아들이었도다**』(마 27:54). 『**당신은 하나님의 아들이시니이다**』(막 3:11). 『**그러므로 너에게서 탄생하실 그 거룩한 이는 하나님의 아들이라 불리리라**』(눅 1:35). 『**당신은 하나님의 아들 그리스도시니이다**』(눅 4:41). 『**내가 보았고 이분이 하나님의 아들이심을 증거하노라**』(요 1:34). 『**랍비여, 주는 하나님의 아들이시요, 주는 이스라엘의 왕이시니이다**』(요 1:49). 『**우리는 주께서 그 그리스도, 곧 살아 계신 하나님의 아들이심을 믿으며 또 확신하나이다**』(요 6:69). 『**예, 주여, 나는 주께서 세상에 오실 그 그리스도, 곧 하나님의 아들이심을 믿나이다**』(요 11:27). 『**너희로 예수가 그리스도, 곧 하나님의 아들이심을 믿게 하려는 것이요**』(요 20:31). 『**능력으로 하나님의 아들로 선포되셨으니**』(롬 1:4). 『**이 목적으로 하**

나님의 아들이 나타나셨으니』(요일 3:8), 『또 우리가 아는 것은 하나님의 아들이 오셔서』(요일 5:20), 『하나님께서 그의 독생자를 세상에 보내신 것은』(요일 4:9).

하나님과의 교제가 가능하다는 사실을 "기록된 말씀"을 통해 알게 된 성도는 기쁨으로 충만케 된다(3,4절). 모든 하나님의 자녀는 기쁨을 누려야 한다. 기쁨은 성령의 열매 가운데 두 번째에 속한다(갈 5:22). 또한 예수 그리스도의 이름으로 구할 수 있게 된 것도 우리의 기쁨을 충만케 하는데(『지금까지는 너희가 내 이름으로 아무것도 구하지 아니하였으나 구하라. 그러면 받을 것이니 너희 기쁨이 충만케 하려 함이라.』 - 요 16:24), 이로써 하나님의 자녀인 그리스도인이 기쁨으로 충만하게 되기 위해 두 가지가 필수적임을 알 수가 있다.

첫째, 그리스도인은 "기록된 말씀"을 읽어야 한다. 『우리가 너희에게 이런 것들을 씀은 너희의 기쁨이 충만하게 하려는 것이라』(4절).

둘째, 그리스도인은 "기도"하는 데 시간을 써야 한다. 『지금까지는 너희가 내 이름으로 아무것도 구하지 아니하였으나 구하라. 그러면 받을 것이니 너희 기쁨이 충만케 하려 함이라』(요 16:24).

"말씀"과 "기도"를 통해 『아버지와 그의 아들 예수 그리스도』와 교제하는 성도는 "기쁨으로 충만하게" 된다. 그러한 기쁨의 표시 중 하나는 노래를 부르는 것으로 나타나는데(약 5:13, 골 3:16), 그렇기에 기쁨의 종교인 성경대로 믿는 기독 신앙에는 총 565곡의 찬송이 수록된 〈영광을 주께〉와 같은 찬송가집이 있는 것이다. 노래는 기쁨의 표시이다. 성경의 위대한 진리들을 실제적으로 맛보지 못하고, 참된 기도에서 오는 평안과 기쁨을 누리지 못하는 그리스도인이 찬송가를 부르는 것은 차갑고 죽은 종교 행위에 불과하다. 그렇기에 배교한 교회들은 찬송가집을 버리고 아프리카의 섹스 뮤직인 CCM을 부르며 "기쁨"을 표현하는데, 그 배교자들이 노래할 때 느끼는 "기쁨"은 그 노래의 메시지에 있는 것이 아니라 노래의 외적인 요소인 "박자"와 "리듬"과 "소음"에 있음을 알아야 한다.

## 하나님과 교제하는 조건

『그러므로 우리가 그에 관하여 듣고 너희에게 전하는 말이 이것이니, 곧 하나님은 빛이시요, 그분 안에는 어두움이 전혀 없다는 것이라. 만일 우리가 하나님과 교제가 있다 하면서 어두움 가운데 행하면 우리가 거짓말하는 것이며 진리를 행하지 아니하는 것이라. 그러나 그분이 빛 가운데 계신 것같이 우리도 빛 가운데 행하면 우리가 서로 간에 교제가 있게 되고, 그의 아들 예수 그리스도의 피가 우리를 모든 죄에서 깨끗하게 하시느니라』(5-7절).

하나님은 빛이시다. 햇빛, 달빛, 별빛과 다른 원천적인 빛이시다. 하나님께서 **『빛이 있으라.』**(창 1:3)라고 하셨을 때 그 빛은 하나님 자신에게서 나온 빛이었다. 이 빛이 다마스커스로 가던 사울을 회심하도록 이끌었는데(행 9:3; 22:6,9), 그 빛의 당사자이신 예수님께서는 그분 자신을 가리켜서 **『세상의 빛』**(요 8:12; 9:5; 11:9이라고 하셨고, 사도 요한은 이 **『세상의 빛』**이신 분을 선포했다. **『그분 안에 생명이 있었으니 그 생명은 사람들의 빛이라. 그 빛이 어두움 속에 비치어도 어두움은 그것을 깨닫지 못하더라』**(요 1:4-5). **『그가 증인으로 왔으니, 빛에 관하여 증거하려 함이며, 모든 사람이 그를 통하여 믿게 하려 함이더라. 그 사람은 그 빛이 아니었고 그 빛에 관하여 증거하라고 보내심을 받았더라. 세상으로 들어오는 모든 사람에게 비치는 참 빛이 있었으니』**(요 1:7-9). **『그러므로 우리가 그에 관하여 듣고 너희에게 전하는 말이 이것이니, 곧 하나님은 빛이시요, 그분 안에는 어두움이 전혀 없다는 것이라』**(요일 1:5).

이방 종교들은 "태양"이 물리적인 빛과 열과 따뜻함과 성장과 조명의 근원이기에 숭배하지만, 그 "태양"은 예수 그리스도의 예표이다. **『태양은 신랑방에서**

**나오는 신랑 같고, 경주하는 강한 남자처럼 기뻐하는도다. 그의 떠오름은 하늘 끝에서부터며 그의 회전은 하늘 끝들까지니 그 열기로부터 숨은 것은 아무것도 없도다』**(시 19:5,6). **『그러나 내 이름을 두려워하는 너희에게는 의의 태양이 그의 날개에 치유를 가지고 솟아오르리니, 그리하면 너희는 나가서 외양간의 송아지들처럼 자라리라』**(말 4:2). 인간이 숭배해야 할 "태양"은 **『의의 태양』** 이신 주 예수 그리스도이신 것이다. **『태양이 더 이상 낮에 네 빛이 되지 아니할 것이요, 달도 광명으로 네게 빛을 내지 아니하리니 오직 주가 네게 영원한 빛이 될 것이며, 네 하나님이 네 영광이 되리라』**(사 60:19).

지상에서 그리스도인의 삶에서 가장 중요한 것은 바로 빛이신 예수 그리스도와 함께하는 "교제"이다. 성도의 수입, 위신, 가족, 사역, 환경, 친척, 교육, 직업, 건강, 심지어 구령, 교회 개척마저도 주님과 나누는 교제보다 중요하지 않다. 창조주와 나누는 교제가 가장 중요하다. 구원받았을 때부터 그리스도의 심판석에 이르기까지, 예수 그리스도와 나누는 교제가 그리스도인의 삶의 핵심이어야 한다. 주님과의 교제에 성공한 그리스도인이 진짜로 성공한 그리스도인이다.

그렇다면 자신의 창조주와 교제를 나누기 위해 주의해야 할 점은 무엇인가? **『만일 우리가 하나님과 교제가 있다 하면서 어두움 가운데 행하면 우리가 거짓말하는 것이며 진리를 행하지 아니하는 것이라』**(6절). 그리스도인은 빛이나 어두움 둘 중 하나 가운데서 행하게 된다. 어두움 가운데 행하면 하나님과의 교제가 이뤄질 수 없다! 그리스도인이 그럴 가능성이 있기 때문에 다음과 같은 명령이 주어지는 것이다. **『너희가 한때는 어두움이었으나 이제는 주 안에서 빛이니 빛의 자녀들로서 행하라』**(엡 5:8). **『열매 없는 어두움의 일들에 관여하지 말고 오히려 그것들을 책망하라』**(엡 5:11). **『그러나 책망받는 모든 것이 빛에 의하여 드러나니 무엇이든지 드러나게 하는 것은 빛이니라. 그러므로 그가 말씀하시기를 "잠자는 자여 깨어라. 그리고 죽은 자들로부터 일어나라. 그러면 그리스도께서 네게 빛을 주시리라."고 하셨느니라』**(엡 5:13,14).

『그러나 그분이 빛 가운데 계신 것같이 우리도 빛 가운데 행하면 우리가 서로 간에 교제가 있게 되고, 그의 아들 예수 그리스도의 피가 우리를 모든 죄에서 깨끗하게 하시느니라. 만일 우리가 우리에게 아무 죄도 없다고 말하면 우리 자신을 속이는 것이요, 진리가 우리 안에 있지 아니하나 우리가 우리 죄들을 자백하면 그는 신실하시고 의로우셔서 우리 죄들을 용서하시며, 모든 불의에서 우리를 깨끗하게 하시느니라. 만일 우리가 죄를 짓지 아니하였다고 말하면 우리는 그분을 거짓말쟁이로 만드는 것이요, 그분의 말씀이 우리 안에 있지 아니하니라』(7-10절).

1장의 마지막 4구절에는 6절의 『**만일 우리가 하나님과 교제가 있다 하면서 어두움 가운데 행하면**』에 이어 추가적으로 네 개의 조건절이 나온다. 즉 『**우리도 빛 가운데 행하면**』(7절), 『**만일 우리가 우리에게 아무 죄도 없다고 말하면**』(8절), 『**우리가 우리 죄들을 자백하면**』(9절), 『**만일 우리가 죄를 짓지 아니하였다고 말하면**』(10절)이 나온다.

그리스도인은 이미 빛 가운데 있다(7절). 우리가 기본적으로 빛 가운데 있다면 빛 가운데서 행해야 한다. 『**그러나 형제들아, 너희는 어두움에 있지 아니하니 그 날이 너희를 도둑같이 덮치지 못하리라. 너희는 모두 빛의 자녀들이며 낮의 자녀들이라. 우리는 밤이나 어두움에 속하지 아니하노라. 그러므로 우리는 다른 사람들과 같이 자지 말고 깨어 있어 정신을 차리자. 이는 자는 자들은 밤에 자고 술 취하는 자들은 밤에 취하기 때문이라. 그러나 우리는 낮에 속하니 정신을 차리고 믿음과 사랑의 흉배를 붙이고 구원의 소망인 투구를 쓰자**』(살전 5:4-8). 빛 가운데 있다는 사실이 빛으로 행하는 것을 보장해 주지 않는다. 빛 가운데 있기를 갈급해 함과 동시에 실제로 행해야만 빛의 자녀다운 삶을 살 수 있게 된다. 이 점은 "**새 사람을 입은**" 성도에게 "**새 사람을 입으라**"고 명령하는 것과 동일한 이치이다. 『**그를 창조하신 분의 형상을 따라 지식 안에서 새롭게 된 새 사람을 입었으니**』(골 3:10). 『**하나님을 따라 의와 참된 거룩함 안에서 창조된 새 사람을 입으라**』(엡 4:24). 비록 빛의 자녀라 해도 마음이 무디어지면 자신의 영적 위치와 신분을 망각하고 죄를 지을 수가 있다. 비록 예수 그리스도의 피를 적용하여 깨끗게 되었고 그 피가 영원한 효력을 발휘한다 해도(단번 속죄, 구원의 영원한 보장), 성도가 매일의 생활에서 범하는 죄들은 날마다 보혈로 씻겨야 한다. 이 "현재적 정결케 됨"은 그리스도인이 자기의 죄를 자백할 때 그에게 적용된다. 『**우리가 우리 죄들을 자백하면 그는 신실하시고 의로우셔서 우리 죄들을 용서하시며, 모든 불의에서 우리를 깨끗하게 하시느니라**』(요일 1:9). 9절은 그리스도인이 과거에 보혈로 의롭게 된 구원(골 1:14)을 말하는 것이 아니라, 그리스도인의 현재적인 거룩하게 됨을 말하고 있다.

구원받은 뒤에 자신은 죄를 한 번도 안 지었다고 말하는 사람은 자신을 속이는 것이며(8절), 하나님을 거짓말쟁이로 만드는 것이다(10절). 그런 사람에게는 진리가 없다(8절). 아직 죄의 몸을 벗지 못한 그리스도인은 그의 "본성의 일부"로서 죄를 지을 수 있기 때문이다. 『**그러나 죄가 계명을 통하여 기회를 잡아 내 안에서 온갖 색욕을 일으켰느니라. 이는 율법이 없으면 죄는 죽은 것임이라... 죄가 계명을 통하여 기회를 잡아 나를 속이고 또 그것으로 나를 죽였느니라... 우리는 율법이 영적인 것인 줄 알고 있노라. 그러나 나는 육신적이어서 죄 아래 팔렸도다... 그러나 이제는 그것을 행하는 것은 더 이상 내가 아니요, 내 속에 거하는 죄니라... 이제 만일 내가 원치 않는 것을 행하면 그것을 행하는 것은 더 이상 내가 아니요, 내 속에 거하는 죄니라... 내 지체들 속에 있는 또 하나의 법이 내 생각의 법과 싸워 나를 내 지체들 속에 있는 죄의 법에게로 사로잡아오는 것을 보는도다... 예수 그리스도 우리 주를 통하여 하나님께 감사하노라. 그러므로 내 자신이 생각으로는 하나님의 법을 섬기지만 육신으로**

**는 죄의 법을 섬기노라**』(롬 7:8,11,14,17,20,23,25).

모든 그리스도인 안에는 죄가 거하고 있다(롬 7:17,20). 죄가 자신 안에 거하지 않는 그리스도인은 없다. 그리스도인도 그의 어머니의 태에서 죄악 중에 조성된 사람인 것이다(시 51:5). **예수님께서는 죄인들이 저지르는 죄들뿐만 아니라 죄인의 타고난 본성적인 인간의 죄성을 위해서도 죗값을 지불하셨다**. 이제는 죄가 우리 안에서 다스리는 것을 거부함으로써 죄를 이기고 승리할 수 있다(롬 6:12,14). 하나님과의 교제는 "조건적"이다. 그리스도인은 죄를 다스려서(창 4:7) 죄가 자신을 조종하지 못하게 함으로써 하나님과의 교제를 유지해 나가야 한다.

■ 새롭게 깨달았거나 적용할 내용이 있다면 적어 보세요. ■

## 제1과
# 복습문제

1. 사도 요한이 보고 만진 인격체는 (                    )이시다(요일 1:1).

2. 하나님의 자녀인 그리스도인이 기쁨으로 충만하게 되기 위해 행해야 할 두 가지가 필수적인 사항은 (            ) 말씀을 읽는 것과 (            )하는 데 시간을 쓰는 것이다.

3. 인간이 숭배해야 할 "태양"은 『의의 태양』이신 (                              )이시다.

4. 지상에서 그리스도인의 삶에서 가장 중요한 것은 빛이신 예수 그리스도와 함께하는 (          )이다.

5. 예수 그리스도께서는 죄인들이 저지르는 죄들뿐만 아니라 죄인의 타고난 (            )적인 죄성을 위해서도 죗값을 지불하셨다.

■ 새롭게 깨달았거나 적용할 내용이 있다면 적어 보세요. ■

# NOTES

제2과

# 세상을 사랑하지 말라 (2장)

『그러나 만일 누가 죄를 지으면 우리에게 아버지와 함께 있는 한 변호인이 있으니, 곧 의인이신 예수 그리스도시라』 (요일 2:1).

## 우리를 위한 한 변호인, 예수 그리스도

『나의 어린 자녀들아, 내가 이런 것들을 너희에게 쓰는 것은 너희로 죄를 짓지 않게 하려는 것이라. 그러나 만일 누가 죄를 지으면 우리에게 아버지와 함께 있는 한 변호인이 있으니, 곧 의인이신 예수 그리스도시라. 그는 우리의 죄들을 위한 화목제물이시니, 우리뿐만 아니라 온 세상의 죄들을 위한 것이니라』(1,2절).

사도 요한은 서신 수신자들에게 『**나의 어린 자녀들아**』라고 부르고 있다. 인생의 일곱 단계처럼, 그리스도인의 영적 성장에는 "7단계"가 있다. 1. 아기들(고전 3:1), 2. **어린 자녀들**(요일 2:1), 3. **자녀들**(갈 3:26), 4. **청년들**(요일 2:13), 5. **아비들**(요일 2:13), 6. **장로들**(벧전 5:1), 7. **나이 많은 자들**(몬 1:9).

1절은 어떤 그리스도인도 죄지을 필요가 없다는 진리를 말하고 있다. 그리스도인은 전혀 죄를 짓지 않고 살 수는 없으나 그렇다고 죄지을 필요도 없다. 그리스도인이 반드시 죄를 지을 필요는 없는 것이다. 그러나 죄를 지으면 우리에게는 『**아버지와 함께 있는 한 변호인**』이 계신다. 구원받지 않은 자에게는 변호인이 없지만, 우리에게는 『**예수 그리스도**』께서 계신다. 하나님께서 세우신 그 "변호인"이 죄인들을 위해 화목제물이 되신 것이다. 『**그는 우리의 죄들을 위한 화목제물이시니... 온 세상의 죄들을 위한 것이니라**』(2절). 이 변호인은 그분을 화목제물로서 받아들이기 전까지는 어떤 사람의 변호인도 되시지 않는다. 예수 그리스도께서는 우리를 고소하는 검사가 심문을 시작할 때(슥 3:1, 계 12:10) 고소당한 자들을 위해 최선을 다해 변호하신다.

이 변호인께서는 『우리의 죄들을 위한 화목제물』이시다. 하나님께서 세우신 "화목제물"께서는 우리의 죄들을 위해서 변호하심으로써 하나님과 우리 사이에 화목을 유지시켜 주신다. 예수 그리스도께서는 "온 세상의 죄들을 위한"(2절) 화목제물이시기 때문에, 이 점은 하나님께서 "아무도 멸망하기를 원치 않으신다"(벧후 3:9)는 점을 확인해 준다. 하나님께서는 "모든 사람이 구원을 받고 진리의 지식에 이르기를 원하신다"(딤전 2:4). 하나님께서는 그리스도 안에 계셔서 세상을 자신과 화해하게 하시는데 그들의 죄과를 그들에게 돌리지 아니하시고(고후 5:19) 화목제물이신 예수 그리스도께 돌리심으로써 화해의 손길을 내미신다. 이는 어떤 "택함받은 자들"만을 구원하기 위하심이 아니다. 하나님께서는 모든 사람이 구원을 받고 진리의 지식에 이르기를 원하시기에 오래 참고 기다리시는 것이다. 『**주의 약속은 어떤 사람들이 더디다고 생각하는 것같이 더딘 것이 아니라 오직 우리에 대하여 오래 참으시어 아무도 멸망하지 않고 다 회개에 이르게 하려 하심이라... 또 우리 주의 오래 참으심이 구원인 줄로 생각하라**』(벧후 3:9,15).

『만일 우리가 그의 계명들을 지키면 이로써 우리가 그분을 알고 있음을 아는 것이요 "나는 그분을 아노라." 하면서 그의 계명들을 지키지 아니하는 자는 거짓말쟁이니, 진리가 그 사람 안에 있지 아니하니라. 누구든지 그의 말씀을 지키는 자는 하나님의 사랑이 참으로 그 사람 안에서 온전해지니, 이로써 우리가 그분 안에 있음을 아느니라. 그분 안에 거한다고 말하는 자는 그가 행하신 대로 자기도 행해야 하느니라. 형제들아, 내가 너희에게 쓰는 것은 새 계명이 아니라 처음부터 너희가 가졌던 옛 계명이라. 이 옛 계명은 너희가 처음부터 들었던 말씀이니라』(3-7절).

이 말씀은 그리스도인이 예수 그리스도의 계명들을 지키지 않으면 자신의 구원을 의심하기 시작할 것이라는 뜻이다. 죄를 짓는 그리스도인은 그의 양심에 의해 정죄를 받고 구원의 확신이 흔들리기 시작한다. 하지만 그렇다고 그의 구원이 부정되는 것은 아니다. 다만 성도 본인의 자책감 속에 확신이 흔들릴 수 있다는 뜻이다.

사도 요한은 구원 자체가 아니라 구원의 보장에 대해 말하고 있다. 『**이로써 우리가 그분 안에 있음을 아느니라**』(5절). 한 사람이 예수 그리스도 안에 "거하면"(6절), 그는 『**그가 행하신 대로 자기도 행해야**』 한다. 『**두 사람이 동의하지 않고 함께 걸을 수 있겠느냐?**』(암 3:3) 문제는 많은 그리스도인들이 자주 주님께서 행하신 대로 행하지 않는다는 사실이다. 그렇지 않다면 사도 바울이 그의 서신들에서 옳게 행하는 것과 그릇되이 행하는 것을 비교하며 바르게 살라고 권면하고 명령할 필요가 없었을 것이다.

앞선 본문에서 사도 요한은 "계명들"에 대해 말하기 시작한다. 요한이 말하는 계명들은 어떤 새로운 것이 아니라 예수님께서 주신 것들이다. 『**내가 새 계명을 너희에게 주노니 이는 너희가 서로 사랑하라는 것이라. 내가 너희를 사랑한 것같이 너희도 서로 사랑하라**』(요 13:34). 『**너희가 나를 사랑하면 나의 계명들을 지키라**』(요 14:15). 『**나의 계명들을 가지고 그것들을 지키는 사람은 나를 사랑하는 사람이니, 나를 사랑하는 사람은 나의 아버지께 사랑을 받으리라. 또 나도 그를 사랑하여 그 사람에게 나 자신을 나타내리라**』(요 14:21). 예수 그리스도께서는 영광 가운데 다시 올라가신 이후 그분의 몸에 속한 모든 그리스도인들에게 많은 계명들을 주셨으며, 바울 서신에 그 계명들이 기록되어 있다(고전 1-5,9-10,13장, 고후 1-3,8-9장, 롬 12-14장, 갈 4-6장, 빌 1-4장, 엡 3-6장 등).

은혜 아래 있는 하나님의 자녀에게는 모세의 율법하에 있는 것만큼이나 많은 도덕적 계명들이 있다. 그리스도인으로서의 삶은 구원받은 것으로 끝난 것이 아니며, 구원받은 이후가 더 중요하다. 왜냐하면 우리는 선한 일들을 행하라고(엡 2:10) "선한 일에 열심을 내는 독특한 백성"으로서 "선한 일들에 유념하여 진력하라고" 부름을 받았기 때문이다(딛 3:8).

## 주님과 우리에게 참된 "새 계명"

『또 내가 너희에게 새 계명을 쓰노니, 이는 그분과 너희에게 참된 것이라. 이는 어두움이 지나갔고 이제 참 빛이 빛나고 있기 때문이라. 그 빛 가운데 있다고 말하면서 자기 형제를 미워하는 자는 지금까지도 어두움 가운데 있느니라. 자기 형제를 사랑하는 자는 빛 가운데 거하며 자기 안에 실족할 계기가 없으나 자기 형제를 미워하는 자는 어두움 가운데 있고 어두움 가운데 행하되 자기가 어디로 가는지 모르니, 이는 그 어두움이 그의 눈을 멀게 하였음이라』(8-11절).

『**새 계명**』은 요한복음 13:34에서 주신 것이며, 요한일서 2:10,11; 3:10-12, 17,18,22-24 등에서 언급된 것이다. 예수 그리스도와 그리스도인에게 참된 것은 "형제들에 대한 사랑"이다.

형제를 사랑하거나 미워하는 증거에 대해서는 사도 요한과 사도 야고보가 그들의 서신서들에서 동일한 것을 말하고 있다. 『**누가 세상의 재물을 가졌는데 자기 형제의 궁핍한 것을 알면서도 그를 동정하는 마음을 닫으면 어찌 하나님의 사랑이 그 안에 거하겠느냐? 나의 어린 자녀들아, 우리가 말이나 혀로 사랑하지 말고 행동과 진리로 하자**』(요일 3:17,18). 『**만일 형제나 자매가 헐벗고 그 날의 양식조차 없는데 너희 중에 누가 그들에게 말하기를 "평안히 가라. 몸을 따뜻하게 하고 배부르게 먹으라."고 하면서 그 몸에 필요한 것들을 주지 않는다면 무슨 유익이 있겠느냐? 그와 같이 행함이 없으면 믿음만으로는 죽은 것이라**』(약 2:15-17).

이 점은 마태복음 25장에서 언급되는 대환란 때의 구원과 관련이 있다. 『**왕이 그의 오른편에 있는 사람들에게 말하기를 '오라, 내 아버지의 복을 받은 자**

**들아, 세상의 기초가 놓인 이래로 너희를 위하여 준비한 그 왕국을 이어받으라. 이는 내가 굶주렸을 때에 너희가 먹을 것을 주었으며, 내가 목마를 때에 마실 것을 주었고, 내가 나그네였을 때에 대접하였고, 또 내가 헐벗었을 때에 입혀 주었으며, 내가 병들었을 때에 문안해 주었고, 내가 감옥에 갇혔을 때에 찾아와 주었음이라.' 하리라』**(마 25:34-36). **『그러나 왕이 대답하여 그들에게 말하기를 '진실로 내가 너희에게 말하노니, 여기 내 형제 가운데 가장 작은 자 하나에게 한 것이 곧 나에게 한 것이니라.' 하리라』**(마 25:40).

위의 구절들은 신약 교회 시대의 "은혜로 말미암는 구원"을 말하는 것이 아니다. 요한일서는 이중 적용이 가능한 서신으로, 교리적인 적용과 교리적이지 않은 적용, 이 두 가지를 할 수가 있다. 교리적인 적용은 행함으로 구원을 유지해야 하는(계 12:17; 14:12; 15:3; 22:14) 환란 성도들에게 적용된다.

『어린 자녀들아, 내가 너희에게 쓰는 것은 그의 이름을 인하여 너희의 죄들이 용서되었기 때문이라. 아비들아, 내가 너희에게 쓰는 것은 너희가 처음부터 계신 분을 알았기 때문이요, 청년들아, 내가 너희에게 쓰는 것은 너희가 악한 자를 이겼기 때문이며, 어린 자녀들아, 내가 너희에게 쓰는 것은 너희가 아버지를 알았기 때문이라. 아비들아, 내가 너희에게 쓴 것은 너희가 처음부터 계신 분을 알았기 때문이요, 청년들아, 내가 너희에게 쓴 것은 너희가 굳세고 하나님의 말씀이 너희 안에 거하며 너희가 악한 자를 이겼기 때문이라』(12-14절).

이 말씀은 "영적인 가족"을 말하고 있다. 성경이 말씀하는 인생의 단계들, 즉 "아기들"(고전 3:1), "어린 자녀들," "자녀들"(갈 3:26), "청년들," "아비들," "장로들"(벧전 5:1), "나이 많은 자"(몬 1:9) 가운데 세 무리가 언급된다 : **『어린 자녀들』**(12,13절), **『청년들』**(13,14절), **『아비들』**(13,14절).

특히 "청년들"은 "아비들"과 "어린 자녀들"에게 해당되지 않는 두 가지 부분에서 칭찬을 받는다. "청년들"은 "악한 자를 이겼고" "굳세다." "청년들"이 "악한 자를 이겼다"는 것은 두 번 언급된다(13,14절). "청년들"은 그들의 힘이 장점이며(잠 20:29), "어린 자녀들"은 아비들이 믿으라고 말한 분을 단순히 믿는다는 사실이 장점이다. "아비들"은 오랜 기간의 섬김을 통해 **『처음부터 계신 분』**에 대한 온전한 지식에 도달하였다고 볼 수 있다.

## 성도가 사랑하지 말아야 할 세상

『세상도, 세상에 있는 것들도 사랑하지 말라. 누구든지 세상을 사랑하면 아버지를 사랑함이 그 안에 있지 아니하니 이는 세상에 있는 모든 것이 육신의 정욕과 안목의 정욕과 생의 자랑이요, 아버지께 속한 것이 아니라 세상에 속한 것이기 때문이라. 세상도, 세상의 정욕도 사라지지만 하나님의 뜻을 행하는 자는 영원히 거하느니라』(15-17절).

성도가 세상을 사랑하지 말아야 할 이유는, 그것이 악하며(갈 1:4), 멸망할 것이고(벧후 3:8-14), 하나님을 반대하고 성경을 반대하며(딤후 4:1-5), 무엇보다도 사탄이 통제하고 다스리기 때문이다(눅 4:6, 고후 4:4). 세상에 속한 자들은 세상에 관한 말을 하고, 세상 또한 그들의 말을 듣는 법이다(요일 4:5).

세상을 사랑하는 사람 안에는 아버지를 사랑함이 없다(15절). 그 사람은 구원받기 전에도 하나님의 원수였고(롬 5:10), 구원받은 후에도 세상을 사랑함으로써 하나님의 원수가 되어 살아간다(약 4:4). 예수 그리스도께서는 세상에 대해 다음과 같이 말씀하셨다. **『내가 그들을 위하여 기도하나이다. 나는 세상을 위하여는**

기도하지 아니하고 다만 아버지께서 내게 주신 자들을 위하여 기도하나이다. 이는 그들이 아버지의 사람들이기 때문이니이다』(요 17:9). 『내가 그들에게 아버지의 말씀을 주었더니 세상이 그들을 미워하였나이다. 이는 내가 세상에 속하지 아니한 것같이 그들도 세상에 속하지 아니하기 때문이옵니다』(요 17:14). 『내가 세상에 속하지 아니한 것같이 그들도 세상에 속하지 않사옵니다』(요 17:16). 『오 의로우신 아버지시여, 세상은 아버지를 몰랐지만 나는 아버지를 알았으며, 또 이들은 아버지께서 나를 보내신 것을 알았사옵니다』(요 17:25).

성도가 세상을 사랑하지 말아야 할 또 다른 이유는 "세상도, 세상의 정욕도 사라질"(17절) 것이기 때문이다. 『그러나 주의 날이 밤에 도둑같이 오리니 그 날에는 하늘들이 굉장한 소리를 내며 사라지고 우주의 구성 요소들이 맹렬한 불로 녹아내리며 땅과 그 안에 있는 일들이 타버릴 것이라. 그때 이 모든 것이 녹아 버리리니 너희가 모든 거룩한 행실과 경건에 있어 어떠한 사람들이 되어야겠느냐?』(벧후 3:10,11) 이러한 진리를 알고도 이전에 놀던 죄의 진창에서 뒹구는 사람은 결코 거리설교와 구령 활동을 사모하지 않는다. 전도지를 나눠주는 것조차 기뻐하지 않을 것이다. 연속극은 즐겨 봐도 혼들을 그리스도께로 이겨오는 일은 즐기지 않는다. 그러나 『하나님의 뜻을 행하는 자는 영원히 거하느니라』(17절). 『현명한 자들은 창공의 광명처럼 빛날 것이요, 많은 사람을 의로 돌이키는 자들은 별들처럼 영원무궁토록 빛나리라』(단 12:3). 세상과 세상의 정욕을 사랑하지 않고 혼들을 이겨오는 일에 열성을 내는 성도가 진정으로 현명함을 알아야 한다. 『아무도 자신을 속이지 말라. 만일 너희 가운데 누구라도 이 세상에서 현명하다고 생각하거든 어리석은 자가 되라. 그러면 현명한 자가 되리라. 이는 이 세상 지혜가 하나님께는 어리석은 것이기 때문이라. 기록되기를 "주께서는 현명한 자들을 자신들의 꾀에 빠지게 하신다." 하였느니라』(고전 3:18,19). 『의로운 자의 열매는 생명의 나무니, 혼들을 이겨오는 자는 현명하니라』(잠 11:30).

### 영원히 거하느니라

『세상도, 세상의 정욕도 사라지지만 하나님의 뜻을 행하는 자는 영원히 거하느니라』(17절). "하나님의 뜻"을 행하는 자는 먼저 요한복음 6:29에 순종한다. 『이것이 하나님의 일이니, 즉 그분이 보내신 이를 너희가 믿는 것이라』. 하나님께서는 어떤 죄인도 그분의 아들을 거부해서 멸망하기를 원치 않으신다(벧후 3:9). 이 뜻에 순종하여 하나님께서 보내신 분을 믿은 그리스도인은 영원히 거하게 될 것이다. 그리스도인이 영원히 거할 것이라는 말씀은, 그가 현재 있는 하늘들과 땅이 없어져 버린 뒤에도 존재할 것임을 의미한다(계 21:1-4). 그리스도인은 "새 하늘과 새 땅"의 영원 세계에서 영원히 살 것이기 때문이다(계 21,22장).

## 적그리스도에 관한 경고

『어린 자녀들아, 이것이 마지막 때라. 적그리스도가 올 것이라고 너희가 들었던 대로 지금도 많은 적그리스도가 일어났으니, 이로써 우리가 마지막 때인 줄 아느니라. 그들이 우리에게서 나갔으나 우리에게 속하지 아니하였나니, 만일 그들이 우리에게 속하였더라면 분명히 우리와 계속 함께하였을 것이나 그들이 나감으로 그들 모두가 우리에게 속하지 아니함을 나타내었느니라』(18,19절).

사도 요한은 요한일서를 기록하던 당시에 『**많은 적그리스도**』(18절)가 일어났다고 말한다. 요한은 『**그들이 우리에게서 나갔**』다면서 성도들과 교제했던 자들임을 밝힌다. 그들은 교제권을 벗어남으로써 "그리스도를 대적하는 자들," 곧 "적그리스도들"(antichrists)이 된 것이다. <u>이들은 회중을 떠남으로써 그들 자신의 실체를 드러냈는데, 즉 건전한 교리를 견디지 못한 것이다(딤후 4장)</u>. 이 일은 사도 요한이 서신을 기록한 A.D. 90년부터 지금까지 항상 그러해 왔으며, 대환란 때에도 그러할 것이다.

그리스도인은 그런 자들에게 속지 않는데, 이는 우리에게 『**거룩하신 분으로부터 기름부음이 있**』기 때문이다. 성령님이 내주하시며 그분의 인도를 받는 성도는 적그리스도들의 거짓말을 감지해 낼 수 있다(20,21절). 그렇다면 그들의 "<u>거짓말</u>"은 무엇인가? 『**예수께서 그리스도이심을 부인하는 자 외에 누가 거짓말쟁이냐? 아버지와 아들을 부인하는 자가 곧 적그리스도니라. 누구든지 아들을 부인하는 자에게는 아버지가 없으나 아들을 시인하는 자에게는 아버지가 있느니라**』(22,23절). <u>예수님께서 인류를 구원할 유일한 『그리스도』(the Christ) 이심을 부인하는 자가 적그리스도요 거짓말쟁이이다</u>. 주 예수 그리스도께서는 단 한 분밖에 없는 참된 메시아이시며 하나님께서 세우신 "그 선지자"(that prophet)이시다(행 3:22,23). <u>또한 『아버지』께서 육신으로 나타나신 분이 『아들』이심을 부인하는 자가 적그리스도인데, 『아들』의 이름인 『예수』는 "여호와께서 구원하신다"는 뜻으로, 문자 그대로 "여호와"(『아버지』)께서 인류를 구원하러 오신 분이 『아들』이신 것이다. 『아버지』께서는 이 『아들』의 이름 『예수』 외에 하늘 아래서 인류를 구원할 다른 이름을 주신 적이 없다(행 4:12)</u>.

『그러므로 너희는 처음부터 들은 것을 너희 안에 거하게 하라. 너희가 처음부터 들은 것이 너희 안에 있으면 너희도 아들 안에, 또 아버지 안에 계속 거하리라. 그가 우리에게 약속하신 약속이 이것이니, 곧 영원한 생명이니라. 너희를 미혹케 하는 자들에 관하여 내가

> 이런 것들을 너희에게 썼노라. 그러나 너희가 그분께로부터 받은 기름부음이 너희 안에 거하나니, 아무도 너희를 가르칠 필요가 없고, 오히려 그 동일한 기름부음이 너희에게 모든 것을 가르치며, 또 그것은 진리요 거짓말이 아니니, 그 기름부음이 너희를 가르친 그대로 너희는 그분 안에 거할지니라』(24-27절).

사도 요한은 교리적 적용의 경계선을 넘나든다. 『**너희가 처음부터 들은 것이 너희 안에 있으면 너희도 아들 안에, 또 아버지 안에 계속 거하리라. 그가 우리에게 약속하신 약속이 이것이니, 곧 영원한 생명이니라.**』(24,25절)라는 말씀은 『**영원한 생명**』의 『**약속**』이 조건적임을 완벽하게 증명한다(cf. 히 3:6,14; 10:26). 대환란 기간의 구원은 이처럼 "조건적"이다. 그때에는 행위가 구원의 일부이기에(계 12:17; 14:12; 22:14, 마 25:8,30,40, 약 2:20,24,26), 구원받은 사람들은 "끝까지 견뎌야" 한다(마 24:13, 히 3:6,14; 10:26-29). 사도 요한은 두 개의 관점에서 서신을 기록하고 있는 것이다(요일 5:9-13 vs. 요일 2:24; 3:6,15; 4:20; 5:16,17). 요한일서는 교회 시대의 교리들과 대환란 기간의 교리들을 넘나들고 있으며, 이것이 "일반서신"(히브리서 ~ 요한계시록)의 전형적인 특징이다.

> 『어린 자녀들아, 이제 그분 안에 거하라. 이는 그가 나타나실 때 우리가 담대함을 가지며, 그가 오실 때 그의 앞에서 수치를 당하지 않게 하려 함이라. 만일 너희가 그분이 의로우신 것을 안다면, 의를 행하는 자는 누구나 그에게서 난 것을 아느니라』(28,29절).

28절은 『그분 안에 거하라.』라고 명령하고 있는데, 그리스도 안에 "거하는 것"의 목적이 영생을 얻거나 하늘나라에 가기 위해서가 아니라 『그가 나타나실

**때』(28절) 그리스도인이 수치를 당치 않기 위해서라고 말씀한다**. 이 구절은 대환란 기간에도 적용될 수 있다. 『**보라, 내가 도둑같이 오리니 깨어 있어 자기 옷을 지켜서 벗은 채로 다니지 아니하고, 사람들에게 자기 수치를 보이지 않는 자는 복이 있도다**』(계 16:15).

교회 시대의 끝이든지 대환란 시대의 끝이든지 예수 그리스도께서는 각 시대의 끝에 그분의 성도들을 휴거시키기 위해 오실 것이다. 갑작스런 휴거를 대비하는 길은 언제나 주님 안에 거하는 것뿐이다. 언제 어디서나 하나님의 뜻을 행하며 성령님의 인도를 받는다면 예수 그리스도께서 다시 오실 때 수치를 당할 일이 없게 된다.

■ 새롭게 깨달았거나 적용할 내용이 있다면 적어 보세요. ■

# 제2과
# 복습문제

1. 우리의 변호인께서는 우리의 죄들을 위한 (                    )이시다.

2. 요한이 말하는 계명들은 어떤 새로운 것이 아니라 (                    )께서 주신 것들이다.

3. 요한일서는 이중 적용이 가능한 서신으로서, (            )적인 적용과 (            )적이지 않은 적용, 이 두 가지를 할 수가 있다.

4. 성도가 세상을 사랑하지 말아야 할 이유는, 그것이 악하며(갈 1:4), 멸망할 것이고(벧후 3:8-14), 하나님을 반대하고 성경을 반대하며(딤후 4:1-5), 무엇보다도 (            )이 통제하고 다스리기 때문이다(눅 4:6, 고후 4:4).

5. 예수님께서 인류를 구원할 유일한 『그리스도』(the Christ)이심을 부인하는 자가 (                    )요 거짓말쟁이이다.

■ 새롭게 깨달았거나 적용할 내용이 있다면 적어 보세요. ■

# NOTES

# 제3과
# 환란 시대의 의와 형제 사랑(3장)

『우리가 사망으로부터 생명으로 옮겨간 것을 아노니, 이는 우리가 형제들을 사랑하기 때문이라. 자기 형제를 사랑하지 않는 자는 사망 안에 거하느니라』(요일 3:14).

## 이제는 우리가 하나님의 아들들이라(1-3절)

구약에서 지음을 받았던 하나님의 아들들은 천사들이었다(창 6:2, 욥 1:6, 시 82:6). 그러나 자기들의 지위를 지키지 않은 천사들과 또 "마귀와 그의 천사들"(마 25:41), 요한계시록에서 용과 함께 쫓겨날 천사들(계 12:7-9)을 성경이 말씀하심을 볼 때에, **신약의 하나님의 아들들이 이들의 위치를 대체할 것임을 알 수 있다**. **『이제는 우리가 하나님의 아들들이라』**(2절). 그리고 이 하나님의 아들들은 천사들을 심판하게 된다(고전 6:3).

양자되는 영을 받은 그리스도의 몸에 속한 거듭난 성도들은 예수 그리스도와 동일한 변모된 몸을 입게 될 것이다(요일 3:2). 그러나 이 휴거와 관련한 구절들은 하나님의 교회의 휴거뿐만 아니라, 대환란의 끝에도 있을 부활과 휴거를 말씀하시는 것이 분명하다.

## 죄는 곧 율법을 범하는 것이라(4-6절)

이 단락은 6절의 말씀과 연관하여 대환란 기간의 구원이 어떤 속성을 가지고 있는지 유념하게 해 준다. **『그분 안에 거하는 자마다 죄를 짓지 아니하나니, 죄를 짓는 자는 누구나 그분을 보지 못하였으며 알지도 못하였느니라』**(6절). 이 말씀은 아무리 하나님의 교회의 거듭난 성도들에게 적용해 보려 하여도 불가능하다. 문자적으로 이렇게 죄를 짓지 않는 성화가 지속된 사람의 사례를 찾으라면, 찰스 웨슬리 정도뿐이리라. 그는 지속적인 기도로 깨어 있는 자세를 견지하며 생활했는데, 하루에 열두 시간, 열여덟 시간 이상을 그렇게 지속했다. 하루, 이틀 이렇게 하다 만 것이 아니라 그의 전 생애가 그러했다. 하지만 현실적으로 대부분의 그리스도의 몸 된 교회에 속한 성도들은 그렇게 살지 않는다. 그렇다면, 이들은 예수 그리스도를 알지 못하는 것인가? 예수 그리스도를 알지 못하면 영생이 없다(요 17:3).

이 말씀의 대상은 명백히 성령 침례를 받은 그리스도의 몸 된 교회에게 주신 것이 아니다. 특히 **이 6절의 맥락에서 말씀하신 "죄"는 율법과 아주 깊은 연관이 있고(요일 3:4) 대환란의 기간에 아주 도드라지고 특별하게 짓게 되는 죄와 관련이 있다. 그것은 십계명의 첫째, 둘째 계명을 어기는 것인데, 요한일서 5:21에서 언급하신 『너희 자신을 우상들로부터 지키라.』는 계명이다**. 대환란의 후삼년 반에는 적그리스도가 자신의 형상을 만들고 짐승의 표를 받게 만듦으로 온 세상을 미혹하고 자신을 하나님으로 경배하게 할 것이다. 이때에 누구든지 그 표를 받고 우상 숭배에 가담할 것을 맹세하며 그에게 경배한다면, 이것은 율법을 정면으로 어기는 것이고, 이는 사망에 이르게 한다.

## 하나님께로부터 태어난 사람(7-10절)

『**의를 행하는 자는 그분께서 의로우신 것같이 의로우나**』(7절) 그리스도의 의를 믿음으로 값없이 전가받은 사람들과 교리적으로는 관련이 없는 표현이다. 이 의를 행하는 자들은 『**그러므로 하늘에 계신 너희 아버지께서 온전하심같이 너희도 온전하라.**』(마 5:48)라고 말씀하신 대로, 마태복음 5-7장까지를 문자적으로 준수해야 구원을 받는 사람들에게 해당된다. 특히 이 의는 하나님을 첫째로 사랑하고 형제들을 사랑하는 것을 말한다. 이 계명이 약간 다른 표현으로 23절에 언급된다.

8절에는 "마귀가 처음부터 죄를 짓는다"고 말씀하셨는데, 이 "처음"이라는 표현은 루시퍼의 반역과 타락의 처음을 말씀하시는 것이 아니라, 요한일서의 저자인 사도 요한이 쓴 요한복음 8:44에 기록된 부분을 반복해서 쓴 것이다. 『**너희는 너희 아비 마귀에게서 나와서... 그는 처음부터 살인자였으며**』. 이 "처음"은 창세기 4장을 의미하며 이 구절의 살인은 카인의 살인을 의미하는데, 왜냐하면 마귀가 실제적으로 누군가를 살인한 적이 없기 때문이다. 최초의 타살, 최초의 살인은 카인에 의해 범해졌으나 성경은 카인과 마귀를 동일시하신다. 왜냐하면 유대인의 개념으로 피붙이인 아버지와 아들은 동일시되는데(요 10:30-33), 카인은 그 악한 자로부터 나왔기 때문이다(12절).

9절에서는 살인자인 독사들의 세대와 대조되는 "하나님께로부터 태어난 사람"이 언급된다. 이 사람은 두 가지로 적용이 된다. 첫째는 여자의 씨, 곧 동정녀 탄생으로 나신 하나님의 혈육인 예수 그리스도이고 둘째는 하나님의 말씀(the word of God, 성경 말씀)의 씨앗을 통해서 성도들 안에 난 속사람을 의미할 수 있다. 물론 거듭난 영인 속사람(새사람)도 예수 그리스도와 동일한 본성을 가졌고, 이 사람 역시 "그리스도"라 불리기도 한다(갈 4:19, 골 1:27). 이 속 사람의 성품은 하나님의 본성으로서 형제 우애에서 사랑에까지 이른다(벧후 1:4-7). 거듭난 성도들은 두 가지 성품을 갖고 살아간다. 하나는 육신에 남아 있는 옛 성품이고 하나는 거듭난 영 안에서 생겨난 하나님의 본성이다. 그리스도의 몸 된 거듭난 성도들은 육신을 따라 살면 죽는다. 환란 성도들은 옛 성품을 따르면 "형제들"을 사랑하지 못하게 되고 사망의 위험에 처하게 된다.

## 자기 형제를 사랑하지 않으면 (10-15절)

요한일서에서 "형제들"이라 언급했을 때, 이는 일차적으로 예수 그리스도의 육신의 형제들을 의미한다(마 25:40). 예수 그리스도의 몸 안의 지체들이 초점이 아니다.

10절에서 『**여기에서 하나님의 자녀와 마귀의 자녀가 드러나느니라.**』라고 말씀하셨다. 이는 마태복음 13장의 독보리의 비유가 직접적으로 해석되는 부분인데, 독보리들은 악한 자의 자녀들이고 원수가 세상에 몰래 뿌려 놓은 "알곡들"과 구분이 잘 되지 않는 존재들이다. 그러나 이제 그들의 실체가 대환란의 후 삼 년 반의 기간을 통해 드러나는데, 그들이 예수 그리스도의 형제들을 죽일 것이다.

11절에서 "처음부터 들은 말씀"이란, 사도 요한이 쓴 요한복음 13장의 끝부분을 말씀한다. 특히 그 장에는 예수 그리스도를 팔아 넘겨서 죽음에 이르게 하는 한 형제(유다)가 나오는데, 이 자를 강력하게 예표하는 카인이 12절부터 언급이 된다. 카인은 적그리스도, 멸망의 아들의 강력한 예표이다. 여기서 카인을 들어 말씀하시는 이유는 대환란 기간에 더 두드러지게 나타날 불법의 신비의 활동, 곧 마귀가 육신을 입고 나타나게 될 일을 암시하기 위함이다. 카인은 그 악한 자로부터 나왔다(12절). 죄의 사람, 곧 멸망의 아들도 사탄으로부터 나와 사탄이 육화한 존재가 될 것이다.

14,15절에는 환란 성도들의 구원의 방법이 나오는데, 이는 특별히 이방인들과 환란 성도들에게 아래에서 인용한 말씀이 직접 적용된다. 『**그러나 왕이 대답하여 그들에게 말하기를 '진실로 내가 너희에게 말하노니, 여기 내 형제들 가운데 가장 작은 자 하나에게 한 것이 곧 나에게 한 것이니라.' 하리라**』(마 25:40). <u>대환란 때에는 형제를 사랑해야 구원받는다. 자기 형제를 미워하는 자들은 사망 안에 거하게 되고 영원한 생명을 잃어버릴 수 있다</u>.

## 환란 성도들의 사랑의 방법 (16-17절)

대환란의 후삼년 반의 기간이 되면 멸망의 아들은 예루살렘 지성소로 가서

앉아 자신이 하나님으로 행세하며 경배를 요구할 것이다. 유대인들은 반발할 것이며, 이때부터 히브리 그리스도인들의 증거가 시작된다. 모세와 엘리야, 144,000명의 선정된 사람들과 하나님의 계명들을 지키고 예수 그리스도의 증거들을 가진 유대인의 남은 자들이 짐승과 전쟁을 시작할 것이다. 이때에는 우상 숭배에 가담하지 않은 유대인 형제들은 극심한 물질적 어려움을 겪게 될 것인데, 이들을 동정하는 마음을 닫게 되면 형제 사랑을 입증할 수 없다. 또한 이들을 어떤 식으로든 돕는다면 그것은 국가 반역 행위에 해당하고 그들과 함께 죽어야 한다. 『**따라서 우리도 형제들을 위하여 우리의 생명을 내어놓는 것이 마땅하도다**』(16절).

## 계명을 지키는 것의 유익 (18-24절)

이 단락은 모든 하나님의 자녀들에게 적용할 수 있는 귀한 약속이다. 18절의 내용대로, 행동으로 옮겨진 사랑은 "진리에 속한 줄 알도록" 만들며, "우리 마음을 확고히 한다." 곧, 자신이 예수 그리스도께 속해 있는지 분명히 알기 원한다라고 하면 누구라도 사랑을 실행해 옮기면 가능하다. 또한 이러한 행위는 성령에 의하여 예수 그리스도께서 자신 안에 거하신다는 구원의 확신을 얻게 해 준다(24절).

아무리 신앙생활을 오래했다고 해도, 성경적인 많은 지식을 머리에 쌓았다 할지라도, 그리스도의 몸 안에 속한 사람들의 영원한 구원의 보장에 대해서 귀가 닳도록 듣고 또 배웠고 심지어 다른 사람들에게 가르칠 수 있다 해도 실제로 주님께서 주신 계명을 실행해 옮기지 않는 사람은 자신이 자기 구원을 확신할 수 없다.

또한 주님께서 주신 계명을 따라서 순수한 마음으로 형제들을 사랑한다면,

특히 16,17절에 해당하는 사항을 잘 준수한다고 하면, 20-22절의 약속이 문자적으로 적용이 되는데, 마음에 담대함을 얻게 된다. 우리 마음보다 더 크시고 모든 것을 아시는 하나님 앞에 떳떳하고 담대하게 설 수 있고, 우리 마음은 우리를 정죄하지 않게 된다. **이때에는 예수 그리스도의 보혈을 의지함으로 담대함으로 은혜의 보좌 앞에 나아가 필요한 것들을 구할 때에 더 큰 담대함으로 구할 수 있게 되는데, 이는 하나님을 기쁘시게 해드린 일의 결과이다. 성경의 약속대로 무엇이든지 구하는 것을 그에게서 받게 된다(요 15장)**.

■ 새롭게 깨달았거나 적용할 내용이 있다면 적어 보세요 ■

## 제3과
# 복습문제

1. 대환란 때에는 적그리스도가 등장하지 않는다. ( O , X )

2. 대환란 때에도 형제를 사랑하지 않았다고 지옥에 가지 않는다. ( O , X )

3. 카인은 적그리스도의 예표가 아니다. ( O , X )

4. 세상의 재물을 가졌는데 형제들의 궁핍을 보고도 돕지 않아도 된다. ( O , X )

5. 그리스도인들은 계명들을 지켜도 아무런 유익이 없다. ( O , X )

■ 새롭게 깨달았거나 적용할 내용이 있다면 적어 보세요. ■

# NOTES

# NOTES

# 제4과

# 독생자를 세상에 보내신 하나님의 사랑(4장)

『여기에 사랑이 있으니, 우리가 하나님을 사랑한 것이 아니요 그분이 우리를 사랑하시고 그의 아들을 우리 죄들을 위하여 화목제물로 보내신 것이라』(요일 4:10).

## 하나님은 사랑이시라

성경을 단 한 번도 펼쳐 보지 않은 사람들까지 포함하여 세계인을 대상으로 성경에서 가장 유명한 표현이 무엇인지 설문 조사를 실시한다면, 아마 "God is love."(8,16절), 즉 "하나님은 사랑이시라."라는 응답이 1위를 차지하지 않을까 싶다. 이 말씀은 그 유명세에 비례하여 오해 또한 많이 받는데, 사람들이 이 말씀을 "하나님은 사랑이시라."고 읽지 않고 거꾸로 "사랑은 하나님이시라."라고 읽기 때문이다. 그래서 세상 사람들은 돈, 명예, 섹스 등 자신이 "사랑"할 만한 것을 찾아 그것을 숭배하면서 살아가고, 교회들은 마치 자선 단체들처럼 "사랑을 실천"하는 게 하나님의 일이라고 여기는 것이다. 그러나 성경은 사랑이 하나님인 것이 아니라, 하나님이 사랑이신 것이라고 말씀한다. 자신이 생각하는 "사랑"을 "하나님"이라고 부르는 신성모독을 치워 버리고, "하나님"이야말로 "사랑"을 정의하시는 분이시라는 사실을 받아들여야 한다.

■ 새롭게 깨달았거나 적용할 내용이 있다면 적어 보세요. ■

## 진리의 영과 미혹의 영

『하나님의 영을 너희가 이렇게 알지니, 예수 그리스도께서 육신으로 오신 것을 시인하는 모든 영은 하나님께 속한 것이요 예수 그리스도께서 육신으로 오신 것을 시인하지 아니하는 모든 영은 하나님께 속한 것이 아니니, 이것이 곧 적그리스도의 영이니라. 그것이 오리라는 것을 너희가 들었으나 지금 그것이 이미 세상에 있느니라』(2,3절).

사도 요한은 형제들에게 경종을 울리면서 4장을 시작하는데, 이는 하나님의 이름을 사칭하는 거짓 일꾼들이 있기 때문이다. 사랑에 대한 왜곡된 관점을 주입받은 현대의 교인들은 어쨌거나 "예수 그리스도의 이름"만 있다면 그런 자들과도 사랑으로 연합할 수 있다고 여길지 모르겠지만, 성경은 그렇게 말하지 않는다(갈 5:12 참고). 아합왕과 함께 400명의 거짓 선지자들의 조언을 따랐다가 시리아군에게 된통 당하고 겨우 목숨을 건져 유다로 돌아왔던 여호사밧왕은 이런 질책을 받아야 했다. 『**그때 하나니의 아들 선견자 예후가 그를 맞이하러 나가 여호사밧왕에게 말하기를 "왕께서 악인들을 도와주시고 주를 미워하는 자들을 사랑함이 마땅하나이까? 그러므로 진노가 주 앞으로부터 왕에게 임하나이다**』(대하 19:2). 여호사밧은 분명 다윗의 길로 행한 선한 왕이었다(대하 17:3). 그러나 악한 사귐은 좋은 행실마저도 부패시키는 법이다(고전 15:33).

그러나 거짓 선지자들을 가려내어 그들로부터 분리하는 일이란 쉽지 않은데, 사탄의 종들은 으레 의의 종으로 가장하기 때문이다(고후 11:13-15). 따라서 우리는 "어떻게 하면 사람들 안에서 역사하는 영을 분별해낼 수 있는가?"라는 질문에 대한 해답을 가지고 있어야 하는데, 여기에서는 그 방법이 세 가지로 제시되어 있다. 첫째로, 예수 그리스도께서 육신으로 오신 것을 부인하지는 않는지를 보면 된다. 이는 일차적으로는 가현설(Docetism), 곧 예수님의 인성을 부정하는 이론을 펼치는 자들에 대한 경고다. 초대 교회 시대에 활동했던 이단자 말시온(Marcion)과 그 추종자들, 제1차 콘스탄티노플 공회에서(A.D. 381) 정죄받았던 아폴리나리우스주의자들과 같은 이들이 이런 부류였다. 예수님의 신성을 극단적으로 강조하다 보니 그분께서 인간의 몸을 입고 오셨다는 진리를 배격하는 지경에까지 이른 것인데, 그들의 주장에 대해서라면 히 2:14-18의 말씀이 반박 불가능한 반론을 제시하고 있다.

오늘날에는 예수님의 인성을 부정하는 이런 자들은 거의 없지만, 반대로 신성을 부정하는 자들이 기승을 부리고 있다. "그리스도"가 하나님의 아들이요(마 16:16; 22:41-46, 요 20:31) 나아가 하나님 그분 자신이라는(요 10:31-38, 사 9:6,7) 뜻을 담고 있다는 점을 염두에 둔다면, 우리는 본문의 말씀으로부터 그런 자들에 대한 경고도 읽어볼 수 있다. 여기에는 여호와의 증인들처럼 예수님을 "참 하나님이 아니라 피조되신 하나님"으로 취급하는 자들뿐 아니라(그들의 교리는 요일 5:20 앞에 무참히 박살난다), 예수님의 신성을 공격하는 변개된 성서들을 "신뢰할 만한 번역본"으로 추천하는 모든 교단 교회의 목사들과 신학자들이 포함된다. 변개된 성서들과 〈한글킹제임스성경〉의 눅 2:33,43, 요 3:13 딤전 3:16 등을 각각 면밀히 비교해 보면 이 말이 무슨 말인지를 알 수 있을 것이다.

### 성경 변개자들의 "어록"

"그리스도는 완전한 신인(神人; divine-human)이다. 그분이 어떻게 그렇게 놀라운 인격을 지니셨는지를 만족스럽게 설명해 줄 수 있는 유일한 답은 그의 안에 하나님께서 거하셨다고 보는 것이다." - 前 미국 개정 위원회 의장 필립 샤프

"그[예수님]는 결코 자신이 하나님이라고 직접적으로 말한 적이 없다." - 웨스트코트

"예수가 하나님이라고 분명하고도 결정적으로 말하는 구절은 몇 되지 않는다." - 前 NIV 성경 번역 위원회 사무국장 에드윈 팔머

둘째로, 혹자가 세상에 관한 말을 함으로써 세상의 관심을 끄는지의 여부를 살핌으로써 미혹의 영을 구분해 낼 수 있다(5절). 그리스도인이라면 예수님께서도 그러하셨던 것처럼 세상으로부터 미움 받는 것이 자연스럽다. 세상에 관하여 그 일들이 악하다고 말하기 때문이다(요 7:7; 15:18,19). 다시 말해 성령님의 인도에 따라 입을 여는 사람은 세상을 책망하기 마련이므로(요 16:8), 세상에 속한 사람들은 마치 입냄새 나는 사람 곁을 슬슬 피하듯이 그로부터 멀어지게끔 되어 있는 것이다. 따라서 세상에 속한 정치인, 경제인, 언론인 등이 그 곁을 떠나지 않고 추켜 세워주는 목사들이란 하나님의 사람들일 리가 없다(눅 16:15). 그런 자들은 하나님께서 있는 그대로 전파하라고 주신 말씀을 변개시킴으로써 이익을 취하는 사기꾼들에 불과할 뿐이다(고후 2:14-17).

셋째로, 하나님께 속한 사람들의 말을 듣는지의 여부를 통해 미혹의 영을 판별할 수 있다(6절). 정직한 사람이라면 설령 미숙한 부분이 있었을지라도 하나님의 사람들이 진리를 계시해줄 때 자신의 오류를 시인하고 바로잡는다(요 1:45-49, 행 18:25-28). 그러나 미혹의 영에 의해 통제받는 자들은 제아무리 많은 하나님의 말씀을 제시한다고 해도 고집불통이다(행 7장, 렘 43:1-4). 진리를 수용할 마음이 없기 때문이다(요 8:37). 하나님께로부터 온 조언들을 도통 수용하지 않는 그런 사람과 함께 생활하다 보면 저절로 그가 벨리알의 아들임을 깨닫게 된다(삼상 25:17,25). 이때 문제가 되는 것은 "정"이다. "정"은 언젠가는 그가 조언을 수용할지도 모른다는 헛된 희망을 포기하지 못하게 만들고, 결국 마귀의 영에 의해 통제받는 사람과의 관계를 정리하지 못하게 하여 함께 멸망하도록 만든다. 이스라엘을 재판하는 제사장이었던 엘리도, 뛰어난 용사였던 요나단도 바로 그렇게 비참한 최후를 맞이했다. 하나님의 뜻보다 인간적인 정을 앞세우면 누구라도 그렇게 된다는 사실을 명심해야 한다. 물러터진 사람은 결코 영적 전쟁에서 승리할 수 없는 것이다.

## 화목제물을 통해 나타난 사랑

『우리를 향한 하나님의 사랑이 이렇게 나타났으니, 곧 하나님께서 그의 독생자를 세상에 보내신 것은 우리로 그를 통하여 살게 하려 하심이라. 여기에 사랑이 있으니, 우리가 하나님을 사랑한 것이 아니요 그분이 우리를 사랑하시고 그의 아들을 우리 죄들을 위하여 화목제물로 보내신 것이라』(9,10절).

하나님의 관점으로 사랑을 논하고자 한다면, 즉 오래 참지만 불의를 기뻐하지 않는(고전 13:4-7), 그리고 죽음처럼 강하며 음부처럼 잔인한 질투를 품은(솔 8:6) 그러한 사랑에 대해 이야기하려면 반드시 한 장소를 거쳐 가야만 한다. 바로 우리 같은 불의한 죄인들에게 사랑을 베푸시려고 자신의 아들을 죽음에 내어주신 장소, 갈보리를 말이다(요 3:14-16).

성경에서 최초로 언급된 사랑이란 부성애였다(창 22:2). 사랑은 주는 것이므로(삼상 18:3,4) 아버지는 아들에게 좋은 것을, 아니 모든 것을 준다(마 7:9-11; 11:27). 만약 가능하다면 죽게 된 아들에게 그 목숨까지도 양도하고자 하는

게 아버지의 마음이다(삼하 18:33). 아버지 하나님께서 그분의 독생자이신 예수님을 향해 갖고 계셨던 사랑도 바로 이런 것이었다.

한편, 모든 것의 아버지이시기도 하신(엡 4:6) 하나님께는 세상의 기초를 놓으시기 이전부터 그분의 사랑 안에서 이룩하실 한 가지 계획이 있었다. 바로 그분께서 장차 흙에 호흡을 불어넣으심으로써 창조하실 "인류"라는 피조물들이 그분 앞에 거룩하고 흠 없게 되도록 하여 양자로서 영원히 받아들이겠다는 것이었다(엡 1:4-6). 그러나 그 계획에는 커다란 문제가 있었다. 인류가 사탄의 시험에 패배하여 범죄자로 전락할 터였기 때문이었다. 공의로우시기에 어떤 사정이라도 봐주지 않고 공정하게 재판하시는 하나님께서는(신 16:18-20; 32:4) 그들의 죄에 대해 반드시 심판하셔야 했다. 거짓말하실 수 없는 하나님께서는 범죄하는 혼은 죽으리라는 그분의 말씀을(겔 18:4,20) 반드시 지키셔야만 했기에, 인류는 그분의 품에 안기기는커녕 "둘째 사망", 즉 혼이 불못에서 영원히 고통받아야 할 판이었던 것이다.

상황이 이처럼 어렵게 흘러갈 것을 미리 알고 계셨던 하나님께서 세상의 기초를 놓으시기 이전에 이미 해법을 마련해 두셨는데, 충격적이게도 공의가 요구하는 그 죽음이라는 대가를(행 28:4 참고) 그분의 독생자의 혼을 속죄제물로 만듦으로써 처리하시겠다는 것이었다(사 53:10). 확실히 그것 외에는 방법이 없었다. 천사들을 비롯한 천상의 존재들에게는 그런 일을 맡기실 수 없었다. 속죄를 위해서는 "피"가 필요한데(히 9:22), 그들에게는 피가 없기 때문이었다. 동물들에게도 맡기실 수 없었다. 임시방편은 되었을지언정, 동물들 또한 아담 이래로 죄의 영향력 아래에 놓이기는 매한가지였기에 그 피로도 인류를 깨끗하게 하기에는 역부족이었다(히 10:4, 출 34:7). 그래서 아버지 하나님께서는 죄를 알지도 못하는 그분의 아들을 죽음에 내어주셔야 했다(고후 5:21). 차라리 대신 죽었으면 하는 마음이 드셨을지라도 그분께서는 한 영이시기에(요 4:24) 그런 일을 하실 수 없었다.

이것이야말로 성경을 150회 이상 읽었다는 킹제임스성경의 권위자 럭크만 박사조차 도저히 그 이유를 알 수 없다고 고백했던 바로 그 사랑이다. 벌레만도 못한 "나"를 위해 온 우주를 창조하시고 운행하시는 아버지 하나님께서는 그분께서 가장 사랑하시는 아들을 내어주셨고, 그분의 아들은 기꺼이 피를 흘려 주셨다는 것이다. 머리로 이런 사랑을 이해할 수 있는 사람은 아무도 없다(엡 3:19). 우리가 아는 것은 다만 세상의 기초가 놓이기 이전에 계획되었던 그 사랑이 약 2,000년 전에 갈보리 십자가에서 인류에게 나타났다는 사실과(벧전 1:19,20), 또 그 사랑을 거부하지만 않는다면 누구라도 지금 당장 값없이 의롭게 된다는 사실뿐이다(롬 5:6-18).

### 화목제물(propitiation)

요한일서에서 말씀하시는 화목제물(propitiation)이란 구약의 화목제물(peace offering)과는 그 성격이 전혀 다르다. 구약의 화목제물이란 죄 때문에 드려지는 것이 아니었지만, 요한일서의 화목제물은 우리 죄들을 위하여 드려지는 것이기 때문이다. 구약의 화목제물은 하나님께서 이미 그들과 화목하게 되셨다는 사실에 감사하면서 사람이 하나님께 자원함으로 드리는 제물이었지만(레 7:11-13), 요한일서의 화목제물은 죽음이라는 삯을 요구하고 싶어 안달이 난 율법을(신 8:1) 달래어(propitiate) 우리를 살리시고자 하나님께서 주시는 제물이다.

"달래는" 수단으로 내놓아졌다는 점에서 여기에서의 "화목제물"은 기브아의 베냐민인들 앞에 내던져졌던 레위인의 첩에 비유해 볼 직하다(판 19장). 당시 그들은 기브아의 한 노인의 집에 왔던 남자 레위인과 관계를 갖고자 했다. 그들이 물러서지 않자, 결국 그는 자기 첩을 대신 내줬고, 그들은 밤새도록 그녀를 욕보이고서야 돌아갔다. 주 예수님께서 당하신 수치와 고난과 죽음도 이와 같은 것이었다. 예수님께서는 우리의 화평을 위해 우리를 대신하여 율법이 요구하는 심판 앞에 내던져지셨으며, 그렇게 가시관과 채찍에 유린당하시고 십자가에서 죽으셨던 것이다(사 53:4,5,8).

**이러한 하나님의 사랑을 받은 사람들은 서로 사랑함이 마땅하다고 성경은 말씀하신다(11절). 바로 이 일을 통해 성도들은 그 스스로와 세상 사람들에게 하나님을 증거한다. 즉 영이신 하나님을 본 사람은 아무도 없을지라도(12절), 서로 사랑하는 우리들을 통해 하나님의 사랑이 나타난다는 것이다(요 13:34,35 참고). 당연하게도 이 사랑은 세상 사람들 간의 사랑과는 차별화되어 그것만으로도 확연한 표식이 될 만큼 강력한 것이어야 한다(요일 3:16 참고). 그리고 그러한 스스로의 안에 그러한 사랑이 불타오르는 것을 느끼는 성도는 자신이 받았고 또 받고 있는 사랑에 대해, 다시 말해 자신의 구원과 성령님의 인도하심에 대해 더더욱 확신이 생기기 마련인 것이다(13절).**

### 형제 사랑

요한일서에는 교회 시대의 성도들에게 적용할 수 있을 만한 말씀도 많이 있지만, 우리가 서로 "사랑하면" 하나님께서 우리 안에 거하신다는 대목에서는(12절) 정신을 바짝 차리고 진리의 말씀을 올바로 나눌 줄 알아야 한다(딤후 2:15).

요한일서가 교리적으로는 환란 시대를 겨냥한다는 것을 상기해 보면, 이 말씀이 형제를 사랑하는 마음을 닫고 그들과 양식을 나누지 않는다면 구원을 잃어버릴 수 있다는 진리와 일맥상통한다는 사실을 깨달을 수 있을 것이다(약 2:15-17).

## 심판 날에 얻는 담대함

『이렇게 우리의 사랑이 온전해졌나니, 이는 우리로 심판 날에 담대함을 가지게 하려는 것이라. 이는 그분이 그러하심과 같이 우리도 이 세상에서 그러하기 때문이니라. 사랑 안에는 두려움이 없나니, 온전한 사랑은 두려움을 쫓아내느니라. 이는 두려움에는 고통이 있음이라. 두려워하는 자는 사랑 안에서 온전해지지 못하였느니라』(17,18절).

현대의 배교한 성경 교사들은 사랑은 두려움을 쫓아낸다는 말씀만을 똑 떼어 읊어대며 하나님은 두려움의 대상이 아니라고 주장한다. 그러나 이 말씀은 하나님을 두려워하는 마음을 저버리라는 뜻이 전혀 아니다. 사도 바울도(엡 5:21, 골 3:22), 사도 베드로도(벧전 1:17), 사도 요한도(계 11:18; 15:4) 하나님을 두려워하는 일을 긍정적으로 언급했고, 예수님께서도 그러하셨다(마 10:28). 본문은 맥락상 하나님의 아들을 통해 베풀어진 하나님의 사랑을 받아들여 구원받았으며 그 사랑 안에 온전히 거하는 사람이라면 "심판에 대한" 두려움에서 해방된다는 뜻일 뿐이다.

물론, 구원받은 사람일지라도 여전히 구원에 대한 확신을 갖지 못했을 수 있고, 혹 지옥에 가지는 않을까 노심초사할 수도 있다. 그러나 사랑 안에 거하며 사랑 안에서 온전해진 사람은 그런 의심을 갖지 않는다. 마지막 유월절 만찬 자리에서 예수께서 사랑하시던 제자 요한이 그러했던 것처럼 말이다. 예수님께서 "너희 가운데 한 사람이 나를 배반하리라."라는 말씀을 하시자 제자들은 그 배신자가 누구인가 하여 서로 쳐다보면서 "주여, 그가 나니이까?" 하고 물었다(마 26:22). 그러나 요한만큼은 그러지 않았다. 그는 "주여, 그가 누구니이까?"라고 물었다. 결코 자신만큼은 그 배반자가 아닐 것이라는 확신이 있었던 것이다. 이는 스스로로부터 나온 확신이 아니었다. 예수께서 사랑하시던 그 제자가 그처럼 자신에 차 있었던 까닭은 주 예수님의 품에 기대어 그분의 심장 고동 소리를 들으며 자신에 대한 그분의 사랑을 확인하고 있었기 때문이었다.

### 구원의 영원한 보장

혹 주 예수 그리스도를 구주로 고백했는데도 불구하고 구원의 확신이 흔들리는가? 그렇다면 이 말씀을 굳게 붙잡도록 하라! 『내가 확신하노니 사망이나 생명이나, 천사들이나 정사들이나 권세들이나 현재의 일들이나 다가올 일들이나, 높음이나 깊음이나, 어떤 다른 피조물이라도 우리를 그리스도 예수 우리 주 안에 있는 하나님의 사랑에서 떼어 놓을 수 없으리라』(롬 8:38,39).

요한일서 4장은 하나님을 사랑하는 사람으로서 마땅히 형제를 사랑해야 함을 다시 한번 강조하면서 마무리된다. 하나님을 사랑하는 일과 형제 사랑은 불가분이라는 것이 하나님께서 정하신 법칙이다(20,21절). 때로는 무정하거나 육신적이어서 도저히 사랑하기 어려운 형제도 있을 수 있다. 심지어는 더 많이 사랑할수록 오히려 덜 사랑받는 일도 있을 수 있다(고후 12:15). 따라서 우리가 그러한 형제들의 반응에 일희일비한다면 결코 이 일을 제대로 해 낼 수 없을 터다. 그럴 때 우리가 되뇌어야 할 진리는 나를 위해 죽으신 그리스도께서 마찬가지로 그를 위해서도 죽으셨다는 것이다(롬 14:15). 그리고 그분께서는 "그 형제를 사랑하지 않을 요량이라면 나도 네 사랑을 받아줄 수 없다."라고 말씀하고 계신다.

형제여, 과연 그 형제를 향한 미움이 그분을 향해 타오르는 사랑을 포기할 수 있을 만큼 강렬한가? 그렇지 않다면, 그 미움을 고집할 이유가 없지 않겠는가!

■ 새롭게 깨달았거나 적용할 내용이 있다면 적어 보세요 ■

## 제4과
# 복습문제

1. 그리스도인은 예수 그리스도의 이름으로 모이는 자리라면 어떤 이가 그 모임을 주관하든 관계없이 참석하여 그분을 기쁘시게 해야 한다. ( O , X )

2. 이 시대에는 예수 그리스도께서 육신으로 오신 것을 부인하는 거짓 일꾼들은 거의 활동하지 않는다. ( O , X )

3. 하나님의 일꾼이 훌륭한 "영성"을 소유하게 되면 제아무리 세상 사람들이라고 해도 그 말에 귀를 기울고 그를 따르게 되어 있다. ( O , X )

4. 『여기에 사랑이 있으니, 우리가 하나님을 사랑한 것이 아니요 그분이 우리를 사랑하시고 그의 아들을 우리 죄들을 위하여 (                    )로 보내신 것이라』(10절).

5. 사랑 안에는 두려움이 없다는 말씀은(18절) 신약 성도들은 구약 성도들처럼 하나님을 두려워하면 안 되며, 오직 사랑해야 한다는 의미이다. ( O , X )

■ 새롭게 깨달았거나 적용할 내용이 있다면 적어 보세요. ■

# NOTES

## 제5과

# 증인이신 삼위일체 하나님

## (5장)

『이는 하늘에서 증거하시는 이가 세 분이시니, 아버지와 말씀과 성령이시요, 이 세 분은 하나이심이라』(요일 5:7).

## 진리로 인도하시는 성령 하나님

그리스도인이 세상 사람들과 다른 근본적인 차이는 예수 그리스도께서 영의 형태로 그 사람 안에 계신다는 것이다(롬 8:9,11, 고전 3:16).

사람은 혼이신 아버지 하나님, 몸이신 아들 하나님, 영이신 성령 하나님, 이렇게 삼위일체이신 하나님의 형상대로 지음받았기 때문에(창 1:26), 몸, 혼, 영으로 구성되어 있는 존재이다(살전 5:23). 이 중 몸은 오감과 운동을 담당하고, 혼은 지정의, 즉 지성과 감정과 의지를 담당하며, 영은 직관과 양심과 영교(하나님과의 영적 교제)를 담당한다.

사람이 구원받아 그리스도인이 되면, 성령 하나님께서 그 사람 안에 내주하시게 되고(엡 1:13, 고후 1:22; 5:5), 죽어 있던 그 사람의 영을 살려 주시기 때문에(엡 2:1,5, 골 2:13), 그 영이 담당하고 있던 직관과 양심의 기능이 더 온전해지고, 하나님과 영적으로 교제할 수 있는 능력이 살아난다. 그리고 그 사람이 성령으로 충만해질수록 하나님과의 교제가 온전해져서, 성령의 인도하심을 분명하고 선명하게 인식할 수 있게 된다.

이러한 방식으로 성령 하나님께서 우리 그리스도인들을 『**진리로 인도**』(요 16:13)하시며, 많은 진리들을 『**증거**』(요일 5:6)하신다. 그래서 그리스도인들은 성령의 인도하심을 받은 내적인 증거들을 가지고 있게 되는 것이다. 세상 사람들이 "**성령 하나님께서 그리스도인들을 진리로 인도하신다**"는 사실을 받아들이지 못하고 허황된 소리처럼 생각하는 이유는 그들이 그러한 경험을 해 본 적이 없기 때문이다.

## 하나님을 사랑하는 사람의 특성

『예수가 그리스도이심을 믿는 사람은 누구나 하나님께로부터 태어났으며, 낳으신 그분을 사랑하는 사람은 누구나 그분께로부터 태어난 자도 사랑하느니라. 우리가 하나님을 사랑하고 그의 계명들을 지키면 이것으로 우리가 하나님의 자녀들을 사랑함을 아느니라. 하나님을 사랑하는 것이 이것이니, 곧 우리가 그의 계명들을 지키는 것이라. 그의 계명들은 무거운 것이 아니니라. 이는 하나님께로부터 태어난 자는 누구든지 세상을 이기기 때문이라. 세상을 이기는 승리는 이것이니, 곧 우리의 믿음이라. 예수께서 하나님의 아들이심을 믿는 자 외에 세상을 이기는 자가 누구냐?』(1-5절)

### 1. 하나님을 사랑하는 사람은 형제를 사랑한다.

『**낳으신 그분을 사랑하는 사람**』은 『**하나님께로부터 태어**』난 사람이고 『**예수가 그리스도임을 믿는 사람**』이다. 결국 "**예수 그리스도를 믿은 사람**"은 모두 "**하나님을 사랑하는 사람**"인 것이다. 예수 그리스도를 믿고 있는데 하나님을 사랑하지 않는 사람이 있을 수 있겠는가?

"**하나님을 사랑하는 사람**"은 그 사람 안에 『**하나님의 사랑**』이 부어져 있다. 『**소망이 부끄럽지 않은 것은 우리에게 주신 성령에 의하여 하나님의 사랑이 우리 마음속에 부어졌기 때문이라**』(롬 5:5). 그리고 그 사랑은 우리를 위하여 자신의 생명을 내어 놓으신 사랑이기 때문에, 우리도 생명을 내어 놓는 사랑을 해야 한다. 『**이로써 우리가 하나님의 사랑을 아노니, 이는 그분이 우리를 위하**

**여 자신의 생명을 내어 놓으셨음이라. 따라서 우리도 형제들을 위하여 우리의 생명을 내어 놓는 것이 마땅하도다**』(요일 3:16).

고린도 교회 성도들은 사도 바울과 그의 동역자들에게 넘치는 사랑을 베풀었다. 『**따라서 너희가 매사에, 즉 믿음과 언어와 지식과 모든 간절함과 너희가 우리를 사랑하는 일에 있어서 넘친 것같이 이 은혜에서도 넘치기를 바라노라**』(고후 8:7).

## 2. 하나님을 사랑하는 사람은 계명들을 지킨다.

예수 그리스도께서는 『**너희가 나를 사랑하면 나의 계명들을 지키라.**』(요 14:15)라고 말씀하셨다. 우리가 하나님을 사랑한다면 하나님의 계명들을 지키는 것은 당연하다. 그리고 하나님을 안다고 하고, 또 사랑한다고 하면서도 계명을 지키지 않는 사람은 하나님을 모르는 사람이며, 당연히 사랑하지도 않는 사람이다. 『**"나는 그분을 아노라." 하면서 그의 계명들을 지키지 아니하는 자는 거짓말쟁이니, 진리가 그 사람 안에 있지 아니하니라**』(요일 2:4).

우리가 하나님의 말씀을 지키면 그 행위가 "우리 안에 부어진 하나님의 사랑이 온전해지고 우리가 하나님 안에 있다"는 사실을 확인하게 된다. 『**누구든지 그의 말씀을 지키는 자는 하나님의 사랑이 참으로 그 사람 안에서 온전해지니, 이로써 우리가 그분 안에 있음을 아느니라**』(요일 2:5). 그뿐만 아니라 우리가 하나님의 계명을 지키면 우리가 하나님뿐만 아니라 하나님의 자녀들인 다른 형제들을 사랑하는 것도 확인하게 된다. 『**우리가 하나님을 사랑하고 그의 계명들을 지키면 이것으로 우리가 하나님의 자녀들을 사랑함을 아느니라**』(2절). 예수 그리스도께서 하나님의 계명들을 요약해 주셨는데, 첫째 계명이 "**하나님을 사랑**"하라는 것이었고, 둘째 계명이 "**이웃을 사랑**"하라는 것이었다(막 12:30,31). 그러므로 이 구절에서 『**그의 계명들**』은 "이웃 사랑"에 관한 계명들을 의미한다. 환란 시대의 히브리 그리스도인들에게 "이웃"은 곧 같은 믿음을 가진 "형제"들을 의미하므로, 『**그의 계명들**』을 지키는 것은 곧 "**형제 사랑**"을 의미한다. 교회 시대의 그리스도인들에게도 같은 명령이 주어졌음을 기억해야 한다. 『**그러므로 기회가 닿는 대로 모든 사람에게 선을 행하되 특히 믿음의 가족들에게 할지니라**』(갈 6:10).

### 3. 하나님을 사랑하는 사람은 세상을 이긴다.

예수 그리스도께서 『**내가 세상을 이겼노라.**』(요 16:33)라고 말씀하셨을 때, "세상을 이긴다"는 말씀의 의미는 죄를 짓게 하는 유혹을 이기고(히 2:18; 4:15; 5:8) 죄를 대항하여 싸우되 "피 흘리기까지" 하며(히 12:4), "이 세상의 신"으로부터 오는 죄를 짓지 않는 것이었다. 결코 그리스도인이 예수 그리스도를 믿고 영접함으로써 죄의 형벌, 즉 지옥과 불못으로부터 구원받은 것을 의미하는 말씀이 아니다. 『**세상을 이기는 승리**』는 "**죄를 짓지 않는 것**"이고, 다른 말로 하면 『**세상도, 세상에 있는 것들도 사랑하지 말라. 누구든지 세상을 사랑하면 아버지를 사랑함이 그 안에 있지 아니하니 이는 세상에 있는 모든 것이 육신의 정욕과 안목의 정욕과 생의 자랑이요, 아버지께 속한 것이 아니라 세상에 속한 것이기 때문이라.**』(2:15,16)라는 말씀과 동일한 것이다.

## 성령 하나님께서 증거하시는 진리 I

『이분은 물과 피로 오신 분, 곧 예수 그리스도시라. 물로만이 아니라 물과 피로니라. 증거하시는 이는 성령이시니,

성령은 진리이시기 때문이라. 이는 하늘에서 증거하시는 이가 세 분이시니, 아버지와 말씀과 성령이시요, 이 세 분은 하나이심이라. 또 땅에서 증거하는 것도 셋이니, 성령과 물과 피요, 이 셋은 하나 안에서 일치하느니라. 만일 우리가 사람의 증거를 받아들일진대 하나님의 증거는 더욱 크나니, 이는 이것이 하나님께서 자기 아들에 관하여 증거하신 그분의 증거이기 때문이라. 하나님의 아들을 믿는 자는 자기 안에 그 증거가 있고, 하나님을 믿지 아니하는 자는 하나님을 거짓말쟁이로 만드나니 이는 하나님께서 그 아들에 관하여 주신 증거를 믿지 아니하기 때문이라』(6-10절).

성령 하나님께서 우리에게 증거하신 증거들 중에서 첫째는 『**예수께서 하나님의 아들이심**』(5절), 즉 『**물과 피로 오신 분, 곧 예수 그리스도**』(6절)이다. 여기서 『**물**』은 요한복음 3:5에서 『**예수께서 대답하시기를 "진실로 진실로 내가 너에게 말하노니, 사람이 물과 성령으로 태어나지 아니하면 하나님의 나라에 들어갈 수 없느니라.**』라고 말씀하신 것처럼 "몸을 입은 인간으로서의 출생"을 나타내고, 『**피**』는 "하나님의 속성"을 나타낸다. 『**그러므로 너희 자신을 조심하고 모든 양떼에게도 그리하라. 이들을 위하여 성령께서는 너희를 감독자들로 세우셨으며 하나님께서 자신의 피로 사신 하나님의 교회를 돌보게 하셨느니라**』(행 20:28).

예수 그리스도께서는 두 가지 본성을 가지고 계시며 총 6가지 요소를 가지신다. "하나님"이신 예수 그리스도께서는 하나님의 혼(아버지), 하나님의 영(성령: 요 3:3, 히 1:9), 하나님의 몸(아들 : 요 3:13; 6:19, 행 2:31)을 가지셨다. 여기에 더하여 주님은 인간의 몸(요 4:6; 19:20, 히 5:7-8), 인간의 영(요 11:33, 막 2:8), 인간의 혼(마 26:38, 사 53:10-11)을 가지셨다.

| 한글킹제임스성경 | 개역개정 |
|---|---|
| 이는 하늘에서 증거하시는 이가 세 분이시니, 아버지와 말씀과 성령이시요, 이 세 분은 하나이심이라. (7절) | 증언하는 이가 셋이니 |
| 또 땅에서 증거하는 것도 셋이니, 성령과 물과 피요, 이 셋은 하나 안에서 일치하느니라. (8절) | 성령과 물과 피라 또한 이 셋은 합하여 하나이니라 |

삼위일체를 강력하게 뒷받침하는 구절인 7,8절을 모든 변개된 성경에서 훼손하였다. 이렇게 된 것은 변개된 성경 번역자들이 이미 7,8절이 훼손된 헬라어 필사본을 번역의 저본으로 사용하였기 때문이며, 그들이 변개된 저본을 사용한 이유는 잘못된 필사본 이론을 신봉하기 때문이다. 그들은 구원받지 못한 학자들로서, 성령의 인도하심을 받지 못하여 바른 필사본을 판단할 수 있는 지혜와 명철을 갖지 못했기 때문에 사탄의 미혹에 빠질 수밖에 없었다.

### 태초부터 계셨던 말씀

사도 요한은 성육신 이전의 예수 그리스도를 『말씀』이라고 표현한다. 이 표현은 요한이 기록한 성경들인 요한복음, 요한일서, 요한계시록에만 나오는 독특한 표현이며, 하나님이신 예수 그리스도께서 태초부터 이미 삼위일체 하나님으로서 아버지 하나님과 함께 존재하셨음을 보여 주는 위대한 표현이다.

『태초에 말씀이 계셨고, 그 말씀이 하나님과 함께 계셨으니, 그 말씀은 하나님이셨느니라』(요 1:1).

『그 말씀이 육신이 되어 우리 가운데 거하시므로, (우리가 그의 영광을 보니, 아버지의 독생자의 영광으로) 은혜와 진리가 충만하더라』(요 1:14).

『태초부터 계셨고, 우리가 들었으며, 우리 눈으로 보았고, 주목하여 살폈으며, 우리 손으로 직접 만졌던 생명의 말씀에 관해서라』(요일 1:1).

『이는 하늘에서 증거하시는 이가 세 분이시니, 아버지와 말씀과 성령이시요, 이 세 분은 하나이심이라』(요일 5:7).

『피에 적신 옷을 입었는데 그의 이름은 하나님의 말씀이라고 불리더라』(계 19:13).

## 성령 하나님께서 증거하시는 진리 II

『또 증거는 이것이니, 하나님께서 우리에게 영생을 주신 것과, 이 생명이 그의 아들 안에 있다는 것이라. 그 아들이 있는 자는 생명이 있고 하나님의 아들이 없는 자는 생명이 없느니라. 내가 하나님의 아들의 이름을 믿는 너희에게 이런 것들을 씀은 너희에게 영생이 있음을 알게 하려 함이며, 또한 너희가 하나님의 아들의 이름을 믿도록 하려 함이라』(11-13절).

성령 하나님께서 우리에게 증거하신 증거들 중에서 첫째 증거는 『**물과 피로 오신 분, 곧 예수 그리스도**』(요일 5:6)였고, 그 다음으로 증거하신 증거는 『**영생**』이다. 『**또 증거는 이것이니, 하나님께서 우리에게 영생을 주신 것과, 이 생**

**명이 그의 아들 안에 있다는 것이라**』(요일 5:11).

그리스도인 안에는 예수 그리스도께서 영의 형태로 거하신다. 『**하나님께서는 이들에게 이방인들 가운데서 이 신비의 영광의 풍요함이 어떠한지를 알리고자 하셨으니 이 신비는 너희 안에 계신 그리스도시요, 곧 영광의 소망이라**』(골 1:27). 하나님께서 우리에게 『**영생**』을 주셨는데, 『**생명**』을 가지신 예수 그리스도를 우리 안에 거하게 하시는 방법으로 『**영생**』을 주신 것이다. 그러므로 『**그 아들이 있는 자는 생명이 있고 하나님의 아들이 없는 자는 생명이 없느니라.**』(12절)라는 말씀은 언제나 진리이며, 오직 하나님의 아들에게만 생명이 있기 때문에 예외 없는 법칙이다.

사도 요한이 요한일서를 기록한 목적은 『**너희에게 영생이 있음을 알게 하려 함이며, 또한 너희가 하나님의 아들의 이름을 믿도록 하려 함**』(13절)이다. 이것은 사도 요한이 요한복음을 기록한 목적과 일치한다. 『**다만 이것들을 기록한 것은 너희로 예수가 그리스도, 곧 하나님의 아들이심을 믿게 하려는 것이요, 또 믿음으로써 그의 이름을 통해 생명을 얻게 하려 함이라**』(요 20:31).

## 응답받는 기도를 향한 담대함

『우리가 그의 안에서 가지는 담대함이 이것이니, 그의 뜻대로 무엇이든지 구하면, 그가 우리를 들으시는 것이라. 우리가 구하는 것은 무엇이나 그가 들으시는 줄을 안다면, 우리가 그에게 구한 요청들을 받은 줄도 아느니라. 누구든지 자기 형제가 사망에 이르지 아니하는 죄 짓는 것을 보거든 간구할지니, 그러면 하나님께서 사망에 이르는 죄를 짓지 아니하는 자들을 위하여 그에게 생명을 주시리라. 사망에 이르는 죄가

있거니와, 나는 그에게 그 죄를 위해 기도하라고 말하지 아니하노라. 모든 불의가 죄이나, 사망에 이르지 아니하는 죄도 있느니라』(14-16절).

## 1. 기도의 응답

14절은 기도의 약속이다. 이 약속에 대한 "조건"은 『**그의 뜻대로 무엇이든지 구하면**』이다. 이 "조건"은 그리스도인들이 기도하는 수많은 기도들이 왜 긍정적인 응답을 받지 못하는가를 설명해 준다. 그들이 성경에서 하나님께서 말씀하신 그분의 뜻에 따라 구하지 않고, 오히려 그 말씀들을 무시했기 때문이다. 성경은 『**나를 사랑하는 사람은 내 말들을 지키리니**』(요 14:23)라고 말씀하시는데, 그들은 하나님의 말씀을 지키지 않으면서 자신의 뜻을 구한다. 사실 그들은 하나님의 말씀을 신중하게 읽지 않기 때문에 하나님의 뜻이 무엇인지도 모른다. 기도에 대한 응답은 그리스도인이 하나님의 말씀들을 지키는 것에 달려 있다.

### 기도 응답에 관한 럭크만 목사의 간증

기도로 주님께 구한 요청을 받음에 있어서(15절) 때로 우리가 기대하거나 원하는 정확한 응답을 받지 못할 수도 있다. 이것은 빌립보서 4:7로 볼 때 명백하다. 성경은 우리가 구한 기도들에 대한 긍정적인 응답이 오지 않을 수도 있으며, 많은 경우 몇 시간, 며칠, 심지어 몇 해가 가도록 그 응답이 오지 않을 수도 있다고 하신다. 이때 기도 응답 대신에 주님께서는 일종의 대체물을 주시는데, 주님께서는 왜 그 기도가 곧바로 긍정적인 응답을

받지 못하는가 하는 이유를 아는 것보다 더 나은 생각과 마음의 화평을 주신다(빌 4:6,7). 그리고 이 화평은 모든 생각을 초월한다(빌 4:7).

필자는 수차례 하나님께서 기도에 응답하시지 않기도 하시고 기도에 대해 분명하게 "아니다"라고 응답하신 것도 보아 왔다. 하나님께서 그렇게 하신 것은 만약 그 기도에 응답하신다면 내가 전에 기도했던 다른 기도에 대해 응답을 하실 수가 없기 때문이었다.

## 2. 사망에 이르는 죄

율법에 의하면 "**간음**"과 "**살인**"은 희생 제물로 죗값이 치러질 수 없는 사형에 해당하는 죄였다. 『**다른 사람의 아내와 간음하는 자, 즉 자기 이웃의 아내와 간음하는 자는 그 간음한 자와 그 간음한 여자를 반드시 죽일지니라**』(레 20:10). 『**다른 사람을 죽인 사람은 반드시 죽일지니라**』(레 24:17). 『**또한 너희는 살인죄를 범한 살인자의 생명의 속전을 받지 말고 그를 반드시 죽일지니라**』(민 35:31).

또한 하나님을 저주하거나 모독하는 것과 부모를 저주하는 것도 사형에 해당하는 죄였다. 『**너는 이스라엘 자손에게 고하여 말하라. 누구든지 자기 하나님을 저주하는 자는 자기 죄를 담당할 것이요... 주의 이름을 모독하는 자는 반드시 죽일지니, 모든 회중이 분명히 그를 돌로 칠지니라. 타국인도 그가 주의 이름을 모독하면, 그 땅에서 난 자와 마찬가지로 죽일지니라**』(레 24:15,16). 『**자기 아비나 어미를 저주하는 자는 반드시 죽일지니라**』(출 21:17). 『**자기 아비나 자기 어미를 저주하는 자는 반드시 죽일지니라. 그가 자기 아비와 어미를 저주하였으니 그의 피가 그의 위에 있으리라**』(레 20:9). 예수 그리스도께서도 부모를 저주하는 자를 죽이라는 율법을 언급하신 적이 있다. 『**하나님께서 명령하여 말씀하시기를 '네 아버지와 어머니를 공경하라. 또 아버지나 어머니를 저주하는 자는 죽이라.'고 하셨느니라**』(마 15:4).

교회 시대에는 예수 그리스도를 믿지 않고 죽으면 지옥의 불길 속에서 고통받는 『**영원한 멸망의 형벌**』을 받게 된다. 『**하나님을 알지 못하는 자들과 우리 주 예수 그리스도의 복음에 순종치 아니하는 자들을 불길 가운데서 벌하시리니 이런 자들은 주의 임재와 그의 능력의 영광으로부터 떠나 영원한 멸망의 형벌을 받게 될 것이라**』(살전 1:8,9).

그리스도인은 구원이 영원히 보장되기 때문에 죄를 지어도 지옥에 가지 않는다. 그러나 죄로 인해 육체의 수명이 짧아질 수 있다. 『**너희가 육신을 따라 살면 죽을 것이나 성령을 통하여 몸의 행실을 죽이면 살리라**』(롬 8:13). 또한 "주의 만찬"에 합당하지 않게 참여해도 죄가 되고, 그로 인해 육체의 수명이 짧아질 수 있다. 『**너희가 이 빵을 먹고 이 잔을 마실 때마다 주의 죽으심을 그분이 오실 때까지 선포하는 것이라. 그러므로 누구든지 합당치 않게 이 빵을 먹고 주의 이 잔을 마시는 자는 주의 몸과 피에 대해 죄를 짓는 것이라. 사람이 자신을 살펴보고 나서 그 빵을 먹고 그 잔을 마셔야 하리니 이는 주의 몸을 분별하지 못하고 합당치 않게 먹고 마시는 자는 자신의 저주를 먹고 마시는 것이기 때문이라. 이 때문에 너희 가운데 많은 사람이 약하고 병들었으며 상당수가 잠들었느니라**』(고전 11:26-30).

본문 16절에서는 "<u>**환란 시대**</u>"의 『**죄**』와 『**사망**』과 『**생명**』과 『**기도**』의 문제를 다루고 있다. 사도 요한은 『**사망에 이르지 않는 죄**』를 지은 형제들을 위하여 『**간구**』하면 『**생명**』을 주신다고 말한 반면, 『**사망에 이르는 죄**』를 위해서는 『**기도하라고 말하지 아니하노라**』라고 말한다. 문맥상 본문의 『**사망**』은 육체의 사망이 아닌 "<u>**영원한 생명**</u>"을 얻지 못하게 되는 "<u>**둘째 사망**</u>"을 의미하는데, <u>**환란 시대에 "짐승의 표를 받고, 짐승의 형상에 경배하는 사람들"이 처하게 될**</u>

"영원한 지옥의 형벌"을 의미한다. 이들은 결코 『생명』을 얻지 못하고 "영원한 지옥의 형벌"에 처하게 될 것이기 때문에 이미 그러한 『사망에 이르는 죄』를 지은 형제를 위해 기도하는 것은 아무런 소용이 없다. 본문은 이러한 환란 시대의 냉엄한 교리를 분명히 알려 주고 있다. 『**귀 있는 자는 성령께서 교회들에게 말씀하시는 것을 들을지어다. 이기는 자는 둘째 사망으로부터 해를 받지 아니하리라**』(계 2:11).

"**환란 시대**"의 『**사망에 이르는 죄**』는 십계명 중에서 "**우상 숭배**"와 관련된 제1계명과 제2계명, 그리고 "**맹세**"와 관련된 제9계명과 연관된다. 왜냐하면 우상 숭배를 『**맹세**』하고 우상에게 『**경배**』하는 것이 "**환란 시대**"에 『**사망에 이르는 죄**』이기 때문이다. 『**너는 내 앞에 다른 어떤 신들도 있게 하지 말지니라. 너는 어떤 새긴 형상도 네게 만들지 말고... 너는 그것들에게 절하지 말고 그것들을 섬기지 말지니라... 너는 네 이웃에 대하여 거짓 증거하지 말지니라**』(출 20:3-5,16). 야고보서는 특히 "**맹세**"하지 말 것을 명령하고 있으며, 요한일서는 "**우상 숭배**"하지 말 것을 명령하고 있다. 『**나의 형제들아, 무엇보다도 맹세하지 말라. 하늘로도 말고 땅으로도 말며, 어떤 다른 맹세로도 말지니라. 다만 너희는 '예'할 것은 '예'하고, '아니라'할 것은 '아니라'하여 정죄에 빠지지 않도록 하라**』(약 5:12). 『**어린 자녀들아, 너희 자신을 우상들로부터 지키라. 아멘**』(21절).

## 성령 하나님께서 알게 하신 세 가지 사실

『하나님께로부터 태어난 사람은 누구나 죄를 짓지 아니하는 줄을 우리가 아노라. 오히려 하나님께로부터 태어난

자는 자신을 지키나니, 그 악한 자가 그를 건드리지 못하느니라. 우리가 아는 것은 우리는 하나님께 속해 있으며, 온 세상은 악함 속에 놓여 있다는 것이라. 또 우리가 아는 것은 하나님의 아들이 오셔서 우리에게 지각을 주셨다는 것이니, 이는 우리로 참되신 그분을 알게 하려는 것이라. 우리는 참되신 그분, 곧 그분의 아들 예수 그리스도 안에 있노라. 이분은 참 하나님이시며 영원한 생명이시니라』(18-20절).

1. 하나님께로부터 태어난 사람은 죄를 짓지 아니한다.

본문의 『**하나님께로부터 태어난 사람**』은 두 가지로 적용이 된다. 첫째는 여자의 씨로 나신 『**예수 그리스도**』이고, 둘째는 하나님의 말씀(the word of God, 성경 말씀)의 씨앗을 통해서 성도들 안에 거듭난 영인 『**속 사람**』(고후 4:16), 즉 『**새 사람**』(엡 4:24)이다. 물론 거듭난 영인 『**속 사람**』도 예수 그리스도와 동일한 본성을 가졌고, 이 사람 역시도 『**그리스도**』라 불리기도 한다. 『**나의 어린 자녀들아, 너희 안에 그리스도가 형성될 때까지 내가 다시 산고를 치르노라**』(갈 4:19).

여기서 언급된 『**죄**』는 16,17절에서 언급된 『**사망에 이르는 죄**』, 즉 환란 시대에 특정된 "**맹세**"와 "**우상 숭배**"의 죄를 말한다. 그러므로 환란 시대에는 예수 그리스도를 믿는 사람일지라도 "**행위**"로 유지되지 않으면, 『**하나님께로부터 태어난 사람**』이 아닌 것이다.

2. 우리는 하나님께 속해 있으며, 온 세상은 악함 속에 놓여 있다.

『**하나님께로부터 태어난 사람**』은 하나님께 속해 있다. 그러나 『**온 세상**』은 악함 속에 놓여 있다. 그러므로 『**하나님**』 아니면 『**세상**』이지, 중간 지대는 있을 수 없다. 그러므로 『**세상도, 세상에 있는 것들도 사랑하지 말라. 누구든지 세상을 사랑하면 아버지를 사랑함이 그 안에 있지 아니하니 이는 세상에 있는 모든 것이 육신의 정욕과 안목의 정욕과 생의 자랑이요, 아버지께 속한 것이 아니라 세상에 속한 것이기 때문이라.**』(2:15,16)라는 말씀처럼 『**아버지께 속한 것**』이 아니면 『**세상에 속한 것**』이다. 그러므로 환란 시대에는 『**세상을 사랑하면 아버지를 사랑함이 그 안에 있지**』 않은 것이고, 따라서 그는 『**아버지께 속한 것**』이 아니므로 『**하나님께로부터 태어난 사람**』이 아닌 것이다.

### 3. 하나님의 아들이 오셔서 우리에게 지각을 주셨다.

교회 시대에나 환란 시대에나 하나님의 아들이신 『**예수 그리스도**』께서 우리에게 오셔서 『**지각**』을 주시지 않았다면, 우리는 "진리"로 인도함을 받지도 못했을 것이고, "진리의 지식"을 얻지도 못했을 것이다. 그리고 그 『**지각**』을 주신 목적은 『**예수 그리스도**』를 알게 하는 것이며, 예수 그리스도께서 그 『**지각**』을 통하여 알게 하신 "진리"는 바로 예수 그리스도께서 『**참 하나님이시며 영원한 생명**』이라는 것이다.

『**예수 그리스도**』로부터 이 『**지각**』을 얻지 못한 사람은 구원받은 그리스도인들의 생각과 삶을 결코 이해할 수 없다. 왜냐하면 우리 안에는 『**그리스도**』가 계셔서 우리 안에 『**그리스도의 생각**』이 있는데, 그들은 그들 안에 『**그리스도**』가 없고, 따라서 『**그리스도의 생각**』을 알 수 없기 때문이다. 『**하나님께서는 이들에게 이방인들 가운데서 이 신비의 영광의 풍요함이 어떠한지를 알리고자 하셨으니 이 신비는 너희 안에 계신 그리스도시요, 곧 영광의 소망이라**』(골 1:27). 『**누가 주의 생각을 알았다고 주를 가르치겠느냐? 그러나 우리는 그리스도의 생각을 가졌느니라**』(고전 2:16).

## 너희 자신을 우상들로부터 지키라

사도 요한이 요한일서 마지막에 적은 말은 『**어린 자녀들아, 너희 자신을 우상들로부터 지키라. 아멘.**』(21절)이다. 요한일서의 문맥상 『**어린 자녀들**』은 하나님을 믿는 초신자들이다. 이미 하나님을 믿고 있는 사람들에게 다양하고 심오한 진리들을 많이 기록한 사도 요한이 마지막 말로 『**어린 자녀들**』에게 『**너희 자신을 우상들로부터 지키라.**』라는 명령을 남긴 것은 깊이 생각해 봐야 할 일이다. 작은 죄로도 구원이 취소될 수 있는 환란 기간의 교리적 특성상 한 번이라도 우상에게 경배하는 일은 바로 "**구원의 취소**"로 이어질 수 있다. 어린 자녀들, 즉 초신자들일수록 경각심이 부족하여 순간의 실수로도 구원을 잃어버릴 수 있는 것이다.

그러나 교회 시대의 성도들이라고 해서 이 말씀을 소홀히 생각해서는 안 된다. 성경은 분명히 『**탐심은 우상 숭배**』(골 3:5)라고 말씀하셨고, "**하나님께서 주신 것보다 더 바라는 것**"이 있으면, 그것이 모두 『**탐심**』이고 그것이 모두 『**우상 숭배**』이기 때문이다. 그러므로 그리스도인이라면 그 무엇보다도 『**탐심**』으로부터 자신을 지켜야 한다.

■ 새롭게 깨달았거나 적용할 내용이 있다면 적어 보세요. ■

# 제5과
# 복습문제

1. 『예수가 ( )이심을 믿는 사람은 누구나 하나님께로부터 태어났으며, 낳으신 그분을 사랑하는 사람은 누구나 그분께로부터 태어난 자도 사랑하느니라』(요일 5:1).

2. 『이분은 ( )과 ( )로 오신 분, 곧 예수 그리스도시라. ( )로만이 아니라 ( )과 ( )로니라. 증거하시는 이는 성령이시니, 성령은 진리이시기 때문이라』(요일 5:6).

3. 『이는 하늘에서 증거하시는 이가 세 분이시니, ( )와 ( )과 ( )이시요, 이 세 분은 하나이심이라』(요일 5:7).

4. 『또 땅에서 증거하는 것도 셋이니, ( )과 ( )과 ( )요, 이 셋은 하나 안에서 일치하느니라』(요일 5:8).

5. 『어린 자녀들아, 너희 자신을 ( )들로부터 지키라. 아멘』(요일 5:21).

■ 새롭게 깨달았거나 적용할 내용이 있다면 적어 보세요. ■

# NOTES

# 복습 문제 정답

### 제1과

1. 생명의 말씀
2. 기록된, 기도
3. 주 예수 그리스도
4. 교제
5. 본성

### 제2과

1. 화목제물
2. 예수님
3. 교리, 교리
4. 사탄
5. 적그리스도

### 제3과

1. X
2. X
3. X
4. X
5. X

### 제4과

1. X
2. X
3. X
4. 화목제물
5. X

### 제5과

1. 그리스도
2. 물, 피, 물, 물, 피
3. 아버지, 말씀, 성령
4. 성령, 물, 피
5. 우상

## < 추 천 도 서 >

### 요한일이삼서 · 유다서

피터 S. 럭크만 지음 / 360쪽

20,000원(eBook 14,000원)

적그리스도에 대한 분별력을 심어주고 대환란을 살아가는 사람들에게 교리적인 지침들을 제공해 준다.

### 휴거 이후에 있을 일들

피터 S. 럭크만 지음 / 190쪽

10,000원(eBook 7,000원)

휴거와 재림 때에 믿는 자와 믿지 않는 자들에게 각각 닥칠 일들에 대해서 사실적인 묘사로 설명하고 있다.

### 하나님은 사랑이시라

피터 S. 럭크만 지음 / 152쪽

6,000원(eBook 4,900원)

주님께서는 나 같은 죄인을 위해 죽으셨다. 저자는 성경에 나타난 사랑의 하나님의 모습을 잘 보여 준다.

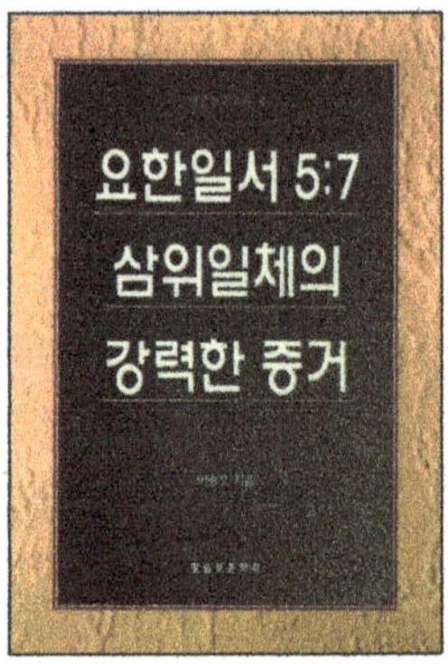


### 요한일서 5:7 삼위일체의 강력한 증거

이송오 지음 / 32쪽 / 1,000원(eBook 900원)

변개된 성경은 삼위일체의 교리를 가장 직접적으로 말하는 이 구절을 모두 삭제했다.

솔로몬 성경공부 시리즈

# 요 한 일 서

## 하나님의 사랑과 형제 사랑

초판1쇄 2024년 12월 12일
초판2쇄 2025년 1월 23일
지 은 이 / 편 집 부
발 행 인 / 박 승 용
발 행 처 / 말씀보존학회
출판등록 / 제409-2022-000036호
주 소 / 서울 강서우체국 사서함 제90호
전 화 / (02) 2665 - 3743
팩 스 / (02) 2665 - 3302
인 터 넷 / www.biblemaster.co.kr